Versammlungsfreiheit

Ein Praxisleitfaden

Jasper Prigge

2021

felix halle verlag

Erschienen: Düsseldorf, März 2021
2. überarbeitete und erweiterte Auflage
ISBN 978-3-948294-01-4

Suitbertusstraße 84
40223 Düsseldorf

www.felix-halle.de

Druck und Bindung: Düssel-Druck & Verlag GmbH
Printed in Germany, Düsseldorf
Satz und Covergestaltung: Robin Cramer

Inhaltsverzeichnis

Abkürzungen

Abs.	Absatz
Art.	Artikel
Bay.	Bayerischer
BayObLG	Bayerisches Oberstes Landesgericht
BayVersG	Bayerisches Versammlungsgesetz
BGH	Bundesgerichtshof
BVerfG	Bundesverfassungsgericht
GG	Grundgesetz
KG	Kammergericht
KunstUrhG	Kunsturhebergesetz
NVersG	Niedersächsisches Versammlungsgesetz
LG	Landgericht
OVG	Oberverwaltungsgericht
Rn.	Randnummer
SächsVersG	Sächsisches Versammlungsgesetz
VerfGH	Verfassungsgerichtshof
VersammlG LSA	Versammlungsgesetz Sachsen-Anhalt
VersG	Versammlungsgesetz
VersFrhG SH	Versammlungsfreiheitsgesetz Schleswig-Holstein
VersFG BE	Versammlungsfreiheitsgesetz Berlin
VG	Verwaltungsgericht
VGH	Verwaltungsgerichtshof
V.i.S.d.P.	Verantwortliche:r im Sinne des Presserechts
VwVfG	Verwaltungsverfahrensgesetz

Vorwort zur 2. Auflage

Die Versammlungsfreiheit muss sich immer wieder neu bewähren. In besonderer Weise hat dies die Corona-Pandemie deutlich gemacht. Wenn jeder Kontakt zwischen zwei Menschen die Gefahr erhöht, dass sich ein Virus ausbreitet, hat dies Folgen für Versammlungen. Sie im üblichen Rahmen stattfinden zu lassen, auf Abstand und Masken zu verzichten, wäre unverantwortlich.

Zugleich ist Versuchen, die Versammlungsfreiheit übermäßig einzuschränken, eine Absage zu erteilen. Jeder Besuch im Supermarkt, jede Fahrt mit dem Bus und jeder Tag auf der Arbeit erhöht das Risiko für eine Übertragung des Virus. Dennoch können und wollen wir nicht vollständig auf das Einkaufen von Lebensmitteln, Fortbewegung oder den Broterwerb verzichten. Wir haben vielmehr gelernt, uns und andere zu schützen. Verhaltensregeln und Schutzmaßnahmen wie Abstand halten und Maske tragen können auch Versammlungen in einer Pandemie ermöglichen. Die kollektive Meinungskundgabe auf der Straße ist in einer Demokratie unverzichtbar. Gerade weil die Pandemie so einschneidende Auswirkungen auf die gesamte Gesellschaft hat, sind Versammlungen als Mittel demokratischer Teilhabe notwendiger denn je. Sie vollständig zu untersagen, würde auf einen Pfad führen, an dessen Ende die Grundrechte auf der Strecke blieben.

Einschränkungen von Versammlungen sind möglich, sie müssen aber verhältnismäßig sein. Dies war gerade in den ersten Monaten der Pandemie nicht immer der Fall. Im Gegenteil: Versammlungen sollten genehmigungspflichtig sein, zum Teil wurden sie vollständig untersagt. Dabei gibt es wirksame Maßnahmen, die einen Ausgleich schaffen zwischen Gesundheitsschutz und der Versammlungsfreiheit. Die Gerichte haben die Notwendigkeit, auch in schwierigen Zeiten die Verhältnismäßigkeit zu wahren, zu Recht immer wieder betont. Von einem Totalverbot sind wir heute – zum Glück – weit entfernt. Die sehr weitgehenden Untersagungen zu Beginn der Pandemie sind mittlerweile eher moderateren Auflagen gewichen. Mit dem Ende der Pandemie werden auch sie wieder verschwinden müssen.

In der zweiten Auflage dieses Buches habe ich nicht nur gesetzliche Änderungen und aktuelle Rechtsprechung berücksichtigt, sondern konnte auch zahlreiche Anregungen von Leser:innen aufgenommen. Auch die Besonderheiten von Versammlungen in der Pandemie habe ich eingearbeitet.

Ich hoffe, dass das Interesse bestehen bleibt und freue mich, wenn der „Praxisleitfaden“ noch mehr Menschen dabei hilft, Versammlungen effektiv durchzuführen.

Düsseldorf im März 2021

Jasper Prigge

Einleitung

Von der Abschaffung der Rassentrennung über das Frauenwahlrecht, den Achtstundentag und den Atomausstieg bis zur „Ehe für Alle" – es waren gesellschaftliche Bewegungen, die in der Geschichte politische Umbrüche erzwungen haben. Auch heute gibt es viele gute Gründe, gemeinsam mit anderen Menschen auf die Straße zu gehen, sei es als Aktivist:in, Gewerkschafter:in, Flüchtlingshelfer:in oder Parteimitglied.

Die Versammlungsfreiheit ist für die Demokratie ein zentrales Grundrecht. Daher muss es nachdenklich stimmen, dass das Versammlungsrecht für juristische Laien nur schwer zu durchdringen ist. Wer ohne Vorbildung eine Versammlung anmeldet, sieht sich zudem einer Versammlungsbehörde gegenüber, die durch ihr Wissen und ihre Erfahrung, aber auch das ihr zur Verfügung stehende Personal strukturell überlegen ist. Das macht es Veranstalter:innen mitunter schwer, ihre Vorstellungen effektiv durchzusetzen – vor allem, wenn sie der Behörde nicht gefallen. Umso wichtiger ist es, sich vorab gründlich zu informieren, um im Fall der Fälle vorbereitet zu sein und überzeugend argumentieren zu können.

Auch für Journalistinnen und Journalisten ist ein Verständnis der rechtlichen Zusammenhänge wertvoll. Dies gilt zunächst für die korrekte Darstellung. Häufig ist beispielsweise zu lesen, die Versammlungsbehörde habe eine Versammlung genehmigt. Rechtlich ist dies falsch, das Gegenteil ist der Fall (→ S. 51). Dabei handelt es sich nicht um eine juristische Spitzfindigkeit, sondern betrifft das grundlegende Verständnis von Versammlungsfreiheit. Das Versammlungsrecht im Überblick zu kennen erweist sich zudem als Vorteil, wenn es um die Bewertung von Konfliktsituationen geht, beispielsweise wenn Polizei und Veranstalter:innen unterschiedliche Auffassungen in einer Sachfrage haben. Kritisch nachfragen kann überdies nur, wer halbwegs im Thema ist. Nicht zuletzt ist es unerlässlich zu wissen, was im Rahmen der Berufsausübung bei Versammlungen erlaubt ist, beispielsweise ob das Tragen eines Helms strafbar ist (→ S. 173).

Das Ziel dieses Buches ist zunächst eine verständliche und praxisnahe Einführung für alle, die sich zum ersten Mal mit dem Versammlungsrecht beschäftigen. Aber auch wer bereits erste Erfahrungen in der Anmeldung und Leitung von Versammlungen gemacht hat, sollte von diesem Buch profitieren und vielleicht die eine oder andere Erkenntnis für die nächste Demonstration mitnehmen können. Nicht zuletzt soll der Praxisleitfaden auch als Nachschlagewerk für den Ernstfall dienen. Die Darstellung beschränkt sich auf Versammlungen unter freiem Himmel, Versammlungen in geschlossenen Räumen werden nur am Rande behandelt.

Muss ich eine Aktion überhaupt anmelden? Welche Hilfsmittel darf ich einsetzen? Welche Auflagen kann die Versammlungsbehörde erlassen? Muss ich einer Verlegung des Versammlungsortes zustimmen? Hat die Polizei ein Recht, die Namen meiner Ordner zu verlangen? Diese und viele weitere Fragen sollen auf den folgenden Seiten behandelt werden.

Es gibt bereits verschiedene Darstellungen des Versammlungsrechts, auch für Nichtjuristinnen und Nichtjuristen. Warum also eine weitere? Das Besondere an diesem Buch ist, dass es aus der Praxis für die Praxis entstanden ist. Eingeflossen sind die Erfahrungen aus zahlreichen Verfahren, in denen ich Versammlungen als Rechtsanwalt bei der Anmeldung und Durchführung begleitet habe. Dies zeigt sich beispielsweise daran, dass dem Kooperationsgespräch, das in den meisten Darstellungen trotz seiner großen Bedeutung in der Praxis mit wenigen Sätzen abgehandelt wird, ein eigenes Kapitel gewidmet ist. Der Praxisleitfaden beschränkt sich daher nicht darauf, die Rechtslage darzustellen, sondern vermittelt zusätzlich Tipps und Tricks für die praktische Durchsetzung der Versammlungsfreiheit. Da es sich nicht um eine wissenschaftliche Abhandlung des Versammlungsrechts handelt, sind die Fundstellen in den Fußnoten auf ein Minimum reduziert. Verwiesen wird allenfalls auf Entscheidungen der Gerichte. Wer sich vertiefend mit dem Versammlungsrecht beschäftigen möchte, sei ein Blick in einen Praxiskommentar zum Versammlungsgesetz oder zum Grundgesetz empfohlen.

Ich wünsche mir, dass dieses Buch mehr Menschen dazu befähigt, ihr Grundrecht auf Versammlungsfreiheit aktiv wahrzunehmen. Über Feedback, seien es Druckfehler oder inhaltliche Anmerkungen, freue ich mich.

Einsendungen bitte ich zu richten an: feedback@felix-halle.de.

Teil 1:
Von der Idee auf die Straße

Am Beginn jeder Versammlung steht die Idee, ein Anliegen auf die Straße zu tragen. Bis dahin ist allerdings noch ein langer Weg zurückzulegen. Denn bis die Versammlung stattfindet, muss sie geplant und angemeldet werden. Dieses Buch behandelt dabei die rechtlichen Fragestellungen und damit nur einen Ausschnitt der Dinge, die zu erledigen sind. Weitere wichtige Schritte können das Schreiben eines Aufrufs, Bündnisarbeit oder das Erstellen eines Flugblatts sein.

Bei Versammlungen lassen sich typischerweise vier Phasen unterscheiden:

- Vorbereitungsphase: Von den ersten Überlegungen bis zur Anmeldung bei der Versammlungsbehörde.

- Verhandlungsphase: Von der Anmeldung und bis zur Bestätigung durch die Versammlungsbehörde.

- Durchführungsphase: Von der Eröffnung der Versammlung bis zu ihrer Beendigung.

- Nachbereitungsphase: Nach der Beendigung der Versammlung.

Dieses Buch ist so aufgebaut, dass es die einzelnen Versammlungsphasen nachvollzieht. Nach einem Grundlagenteil werden die in der jeweiligen Phase relevanten Problemstellungen erläutert. Trotz dieser weitgehend chronologischen Darstellung muss der Leitfaden nicht von vorne nach hinten durchgearbeitet werden. Es ist auch möglich, ihn einfach bei einem interessanten Thema aufzuschlagen und drauf los zu lesen.

Seitenangaben, die mit dem „→"-Symbol gekennzeichnet sind, verweisen auf eine thematisch passende Stelle im Buch, die für das tiefere Verständnis hilfreich sein kann.

Versammlungsrecht ist (mittlerweile) Ländersache. Auch wenn in manchen Bundesländern noch immer das Versammlungsgesetz des Bundes (VersG) fortgilt, gibt es zunehmend einen „Flickenteppich" unterschiedlicher Regelungen (→ S. 47). Ein Praxisleitfaden kann, wenn er handlich und übersichtlich bleiben soll, nicht alle Versammlungsgesetze der Bundesländer im Detail darstellen, sondern muss sich auf die Grundlagen beschränken. Die Darstellung geht daher vom Versammlungsgesetz des Bundes aus, wobei in Fußnoten auf die passenden Regelungen in den Ländern verwiesen wird.

Vorbereitungsphase

Hat sich die Idee für eine Versammlung verfestigt, indem ein Termin und ein Ort ins Auge gefasst wurden, kann die Vorbereitung losgehen. An ihrem Beginn steht die **Anmeldung der Versammlung** bei der zuständigen Versammlungsbehörde, wenn eine Pflicht zur Anmeldung besteht (→ S. 52).

Wann eine Versammlung anzumelden ist, hängt davon ab, wann die Veranstalter:innen sie in der Öffentlichkeit bekannt machen wollen.

Grundsätzlich dürfen Versammlungen erst **48 Stunden nach ihrer Anmeldung** öffentlich beworben werden.

Geht die Anmeldung an einem Freitag (18:00 Uhr) bei der zuständigen Behörde ein, darf ab Sonntag (18:00 Uhr) mobilisiert werden, auch wenn die Behörde sich möglicherweise mit der Anmeldung noch gar nicht inhaltlich beschäftigt hat. Eine zu frühe Bewerbung ist allerdings durch das Versammlungsgesetz nicht sanktioniert.

Es ist sinnvoll, die Versammlungsbehörde möglichst zeitnah zu informieren, nachdem die Entscheidung gefallen ist, die Versammlung veranstalten zu wollen.

Als Vorüberlegungen sollten sich die Veranstalter:innen fragen:

- Wie viele Personen werden voraussichtlich an der Versammlung teilnehmen?
- Soll es sich um eine Kundgebung an einem Ort oder einen Aufzug mit einer bestimmten Wegstrecke und ggf. Zwischenkundgebungen handeln?
- Ist der gewählte Ort bzw. die Route geeignet, also geeignet für die voraussichtliche Anzahl an Teilnehmenden?
- Welche Hilfsmittel sollen eingesetzt werden?
- Wer soll die Versammlung leiten und soll eine Stellvertretung benannt werden?

Zu Form und Inhalt der Anmeldung → S. 58.

Nach dem Ablauf der Anmeldefrist, kann die **Bewerbung** beginnen. Ob das klassische Flugblatt oder soziale Netzwerke: Die Veranstalter:innen können alle Möglichkeiten nutzen, die ihnen zur Verfügung stehen, um möglichst viele Menschen zu erreichen.

Bei der Bewerbung der Versammlung ist nach § 2 Abs. 1 VersG[1] anzugeben, wer Veranstalter:in ist. Das können eine Privatperson, ein Verein oder aber auch ein Bündnis verschiedener Organisationen und/oder Personen sein.

Verhandlungsphase

Auf Grundlage der Anmeldung entscheidet sich, ob die Versammlung in der Weise durchgeführt werden kann, wie sich die Veranstalter:innen dies überlegt haben. Eine zentrale Stellung nimmt dabei das **Kooperationsgespräch** zwischen Versammlungsbehörde und Veranstalter:innen ein (→ S. 61), in dem klärungsbedürftige Fragen angesprochen und im besten Falle einvernehmlich beantwortet werden. Darüber hinaus benennt die Versammlungsbehörde, ob und ggf. welche Auflagen sie für erforderlich hält. Die Veranstalter:innen haben hier die Möglichkeit, zu Bedenken der Versammlungsbehörde Stellung zu nehmen.

Das Kooperationsgespräch ist eine Herausforderung für Veranstalter:innen, vor allem, wenn sie noch unsicher sind, was sie verlangen

1 § 2 Abs. 1 SächsVersG; § 2 Abs. 1 VersG LSA. In Bayern, Berlin, Niedersachsen und Schleswig-Holstein muss der Name nicht angegeben werden.

und im Zweifel auch rechtlich durchsetzen können. Die Behörde hingegen hat zumeist einen Erfahrungsvorsprung und ist im Versammlungsrecht geschult. Es bedarf daher einer gründlichen Vorbereitung, um im Kooperationsgespräch die richtigen Argumente an der Hand zu haben.

Nach dem Kooperationsgespräch erlässt die Versammlungsbehörde eine Anmeldebestätigung und gegebenenfalls einen Auflagenbescheid oder ein Versammlungsverbot. Auflagen oder ein Verbot sind nur zur Abwehr von Gefahren für die öffentliche Sicherheit oder Ordnung zulässig (→ S. 94). Sind Auflagen oder ein Verbot rechtswidrig, können sie vor den Verwaltungsgerichten im Eilverfahren angegriffen werden (→ S. 122).

Durchführungsphase

Die Durchführung einer Versammlung beginnt mit dem Aufbau der Hilfsmittel wie Lautsprecherwagen oder Bühne. Bereits zu diesem Zeitpunkt sollte die Versammlungsleitung für die Polizei ansprechbar sein. Vor der Eröffnung durch die Versammlungsleitung sammeln sich die Teilnehmenden am Versammlungsort.

Die Versammlungsleitung bestimmt den Ablauf und hat die Ordnungsgewalt (→ S. 140). Sie kann sich einer angemessenen Anzahl an Ordner:innen bedienen, wenn sie dies mit der Anzeige bei der Versammlungsbehörde beantragt hat (→ S. 144).

Kommt es zu Meinungsverschiedenheiten zwischen der Versammlungsleitung und der Polizei, beispielsweise weil Anforderungen gestellt werden, die im Kooperationsgespräch nicht thematisiert wurden, sollte die Versammlungsleitung ruhig und mit sachlichen Argumenten versuchen, ihre Position durchzusetzen. Es hat sich bewährt, Anmeldebestätigung und Anmeldung ausgedruckt mitzunehmen, um sie im Zweifelsfall zur Hand zu haben.

Die Versammlung kann auf zwei Wegen enden: Sie wird entweder durch die Versammlungsleitung beendet oder zwangsweise durch die Polizei aufgelöst (→ S. 181).

Nachbereitungsphase

Im Nachgang zur Durchführung steht eine Nachbereitung durch die Veranstalter:innen (→ S. 185).

Dokumentiert werden sollten problematische Punkte, die einer Klärung in der Zukunft bedürfen. Das Recht auf Informationsfreiheit gibt Veranstalterinnen und Veranstaltern eine Möglichkeit, ergänzende Informationen von den Behörden zu verlangen.

Soll das Handeln der Behörden nachträglich durch eine Klage vor dem Verwaltungsgericht überprüft werden, sollten die maßgeblichen Fakten und Beweismittel (z. B. Fotoaufnahmen) zusammengetragen werden. Auf dieser Grundlage können Anwältinnen und Anwälte die Rechtmäßigkeit besser beurteilen.

Teil 2:

Grundlagen der Versammlungsfreiheit

Art. 8 GG

(1) Alle Deutschen haben das Recht, sich ohne Anmeldung oder Erlaubnis friedlich und ohne Waffen zu versammeln.

(2) Für Versammlungen unter freiem Himmel kann dieses Recht durch Gesetz oder auf Grund eines Gesetzes beschränkt werden.

Die Versammlungsfreiheit hat eine lange Tradition. Bereits in der von der Frankfurter Nationalversammlung 1848 verabschiedeten Erklärung der „Grundrechte des Deutschen Volkes" hieß es:

> „Die Deutschen haben das Recht, sich friedlich und ohne Waffen zu versammeln; einer besonderen Erlaubnis bedarf es nicht."

In der Weimarer Republik war die Versammlungsfreiheit in Art. 123 der Reichsverfassung verankert, bis die Nationalsozialisten sie 1933 außer Kraft setzten.

Die Versammlungsfreiheit hat für demokratische Gesellschaften eine **grundlegende Bedeutung**. Sie ist notwendig, um politische Auffassungen sichtbar zu machen und ermöglicht erst den die Demokratie gegenüber autoritären Systemen kennzeichnenden freien Austausch der Meinungen und Standpunkte. Nach der Rechtsprechung des Bundesverfassungsgerichts ist die Versammlungsfreiheit daher auch „unmittelbarster Ausdruck der menschlichen Persönlichkeit" und „eines der vornehmsten Menschenrechte überhaupt, welches für eine freiheitliche demokratische Staatsordnung konstituierend ist"[2]. Dabei ist sie insbesondere ein Minderheitenrecht, durch das Kritik auch – und gerade – an der Mehrheitsauffassung ausgedrückt werden kann. Sie erhält damit letztlich Meinungsvielfalt und Pluralismus, ohne die eine Demokratie erstarrt.

Im Grundgesetz wird die Freiheit, sich mit anderen zu versammeln, durch Art. 8 GG geschützt. Die Versammlungsfreiheit ist ein Grundrecht und damit ein **Abwehrrecht gegen den Staat**. Nicht gerechtfertigte Eingriffe in Versammlungen sind dem Staat untersagt. Den Behörden ist es demnach nicht erlaubt, Versammlungen beliebig zu erschweren, beispielsweise indem sie Versammlungen von einer Genehmigung abhängig machen (→ S. 51) oder unverhältnismäßige Auflagen erlassen (→ S. 102). Auch ein staatlicher Zwang, an einer Versammlung teilzunehmen oder ihr fernzubleiben ist grundsätzlich unzulässig. Eingriffe in die Versammlungsfreiheit bedürfen einer gesetzlichen Grundlage, unberechtigte Beschränkungen können betroffene Bürger:innen abwehren – gegebenenfalls, indem sie sich an die Gerichte wenden.

2 BVerfG, Beschluss vom 14.05.1985 – 1 BvR 233, 341/81 – Brokdorf.

Es liegt zudem in der Freiheit der Bürger:innen zu bestimmen, wie die von ihnen geplante Versammlung ablaufen soll. Neben der bloßen Möglichkeit, sich an einem Ort zusammenzufinden, gewährleistet die Versammlungsfreiheit ein **Selbstbestimmungsrecht** über Ort, Zeitpunkt, Art und Inhalt der Veranstaltung (→ S. 70).

Versammlungen unter freiem Himmel (→ S. 40) können durch Gesetz oder aufgrund eines Gesetzes beschränkt werden. Seit der Föderalismusreform im Jahr 2006 sind die Bundesländer für die Gesetzgebung in Bezug auf Versammlungen zuständig. Manche Bundesländer (Bayern, Niedersachsen, Sachsen, Sachsen-Anhalt und Schleswig-Holstein) haben eigene Versammlungsgesetze geschaffen, in den übrigen Bundesländern gilt das Versammlungsgesetz des Bundes (VersG) weiter.

Keine generelle Anmeldefreiheit

Im Grundgesetz heißt es, dass Versammlungen „ohne Anmeldung oder Erlaubnis“ möglich sind. Da verwundert es natürlich, dass alle Versammlungsgesetze eine Anmeldepflicht beinhalten und die Durchführung nicht angemeldeter Versammlungen sogar unter Strafe stellen.

Das Bundesverfassungsgericht hat sich in seinem für das Versammlungsrecht grundlegenden **„Brokdorf-Beschluss“**[3] mit dieser Problematik befasst und festgestellt, dass die im Versammlungsgesetz des

3 BVerfG, Beschluss vom 14.05.1985 – 1 BvR 233, 341/81 – Brokdorf.

Bundes vorgesehene Anmeldepflicht den verfassungsrechtlichen Anforderungen genügt.

> „Die Anmeldepflicht gilt nur für Versammlungen unter freiem Himmel, weil diese wegen ihrer Außenwirkungen vielfach besondere Vorkehrungen erfordern. Die mit der Anmeldung verbundenen Angaben sollen den Behörden die notwendigen Informationen vermitteln, damit sie sich ein Bild darüber machen können, was einerseits zum möglichst störungsfreien Verlauf der Veranstaltung an Verkehrsregelungen und sonstigen Maßnahmen veranlaßt werden muß und was andererseits im Interesse Dritter sowie im Gemeinschaftsinteresse erforderlich ist und wie beides aufeinander abgestimmt werden kann".

Die gesetzliche **Anmeldepflicht** ist somit verfassungsgemäß, auch wenn der Text des Grundgesetzes auf den ersten Blick etwas anderes bestimmt. Zu berücksichtigen ist aber, dass sie nicht ausnahmslos gilt (Eil- und Spontanversammlungen → S. 54) und Versammlungen nicht „schematisch" aufgelöst werden dürfen, nur weil die gesetzliche Anmeldefrist nicht eingehalten wurde (→ S. 181).

Rechte nicht deutscher Staatsbürger:innen

Wenn es im Grundgesetz heißt, dass alle „Deutschen" das Recht haben, sich zu versammeln, bedeutet dies nicht, dass nur deutsche Staatsangehörige die Versammlungsfreiheit in Anspruch nehmen können. Art. 8 GG ist wegen des europarechtlichen Diskriminierungsverbots in Art. 18 AEUV (Vertrag über die Arbeitsweise der Europäischen Union) auch auf EU-Bürger:innen anwendbar. Sie können sich in vollem Umfang auf die Gewährleistungen des Grundrechts berufen.

Andere Staatsangehörige können sich nicht auf Art. 8 GG berufen, sie sind allerdings nicht schutzlos gestellt. Sie können auf der Grundlage der allgemeinen Handlungsfreiheit in Art. 2 Abs. 1 GG an Versammlungen teilnehmen und solche veranstalten.

In der Konsequenz unterscheidet das Versammlungsgesetz nicht nach der Staatsangehörigkeit, sondern bestimmt:

> **§ 1 VersG[4]**
>
> (1) Jedermann hat das Recht, öffentliche Versammlungen und Aufzüge zu veranstalten und an solchen Veranstaltungen teilzunehmen.

Mindestpersonenzahl

Wie viele Personen mindestens zusammenkommen müssen, um eine Versammlung bilden zu können, ist umstritten. Ob zwei, drei oder sieben Personen – es wird vieles vertreten. Da von der Mindestpersonenzahl abhängen kann, ob sich eine Versammlung auf die Ver-

4 Art. 1 Abs. 1 BayVersG; § 1 VersFG BE; § 1 Abs. 1 NVersG; § 1 Abs. 1 SächsVersG; § 1 Abs. 1 VersG LSA; § 1 Abs. 1 VersFG SH.

sammlungsfreiheit berufen kann und Grundrechte im Zweifel weit auszulegen sind, ist davon auszugehen, dass eine Versammlung verfassungsrechtlich bereits ab zwei Personen vorliegt.

Unschädlich ist, wenn die Versammlungsgesetze abweichende Vorgaben zur Mindestpersonenzahl machen. Denn dies hat keine Auswirkungen auf den verfassungsrechtlichen Begriff der Versammlung, dieser ist unabhängig zu bestimmen. Wenn in Schleswig-Holstein nach § 2 Abs. 1 VersFG SH eine Versammlung erst ab drei Personen vorliegt, sind bei der Rechtsanwendung gleichwohl die Wertungen des Grundgesetzes zu berücksichtigen. Auch in den Versammlungsgesetzen von Bayern (Art. 2 Abs. 1 BayVersG), Sachsen (§ 1 Abs. 3 SächsVersG) und Niedersachsen (§ 2 NVersG) ist übereinstimmend eine Mindestanzahl von drei Personen festgelegt. Demgegenüber liegt in Berlin bereits ab zwei Personen eine Versammlung vor (§ 2 Abs. 1 VerFG BE).

Im Versammlungsgesetz des Bundes ist die Anzahl der Mindestzahl von Personen für seine Versammlung nicht festgelegt. Das bedeutet allerdings nicht, dass **„Miniversammlungen“** aus z. B. zwei Personen in Bundesländern, in denen es fortgilt (→ S. 47), zwingend angemeldet werden müssten. Eine Durchführung ohne Anmeldung ist nach richtiger Auffassung für die Veranstalter:in oder Versammlungsleitung in einer solchen Situation nicht nach § 26 Nr. 2 VersG strafbar. Die Regelungen des Versammlungsgesetzes wollen den mit Versammlungen zusammenhängenden Gefahren vorbeugen. Solche Gefahren sind bei derart kleinen Versammlungen aber nicht zu erwarten. Ihnen den verfassungsrechtlichen Schutz der Versammlungsfreiheit zu gewähren zwingt nicht automatisch dazu, die Regelungen des Versammlungsgesetzes ebenfalls in diesem Sinne auszulegen.

Dies wird freilich nicht von allen so gesehen. So gab es vereinzelt Ermittlungsverfahren gegen Einzelpersonen wegen eines Verstoßes gegen § 26 Nr. 2 VersG, obwohl zweifelhaft war, ob überhaupt eine Versammlung vorlag.

In Düsseldorf fand anlässlich der Landtagswahl eine Diskussionsveranstaltung mit den Kandidat:innen statt. Aus Protest gegen die Teilnahme der AfD stellte sich ein Gewerkschafter mit einem selbst gebastelten Schild mit der Aufschrift „Die AfD ist in Düsseldorf nicht willkommen" an die Eingangstür. Zwischenzeitlich kam eine weitere Person hinzu, die er kannte und mit der er sich unterhielt. Daraufhin wurden beide angesprochen, wer Leiter:in der Versammlung sei.

Richtigerweise handelte es sich hier schon deshalb nicht um eine Versammlung, weil festzustellen gewesen wäre, dass die Gesprächspartner einen gemeinsamen kommunikativen Zweck verfolgten (siehe sogleich). Aber auch unabhängig davon wäre bei zwei Personen mit Schildern eine Anmeldung unnötige Förmelei. Dass von ihnen Gefahren für die öffentliche Sicherheit ausgehen könnten, ist eher fernliegend.

Das Beispiel zeigt allerdings, dass die Missachtung der Anmeldepflicht leicht zu Problemen führen kann. In der Praxis sollten daher, um Diskussionen über Formalia und Ermittlungsverfahren zu vermeiden, auch „Miniversammlungen" angemeldet werden.

Teilhabe an der öffentlichen Meinungsbildung

Dass Menschen an einem Ort zusammenkommen, macht sie noch nicht zu einer Versammlung. Ein Fest auf dem Marktplatz kann genauso eine bloße Ansammlung von Menschen sein wie eine Versammlung nach Art. 8 GG. Es kommt auf den Inhalt der Veranstaltung an.

Nach der Rechtsprechung des Bundesverfassungsgerichts sind Versammlungen auf die **Teilhabe an der öffentlichen Meinungsbildung** gerichtet[5]. Versammlungen haben anders als andere Zusammenkünfte einen „kommunikativen Zweck". Sie zeichnen sich dadurch aus, dass mehrere Menschen kollektiv ihre Meinungsfreiheit ausüben und ihr Anliegen nach außen kundtun.

Eine reine Musikveranstaltung wie z. B. die „Loveparade" ist hiernach nicht als Versammlung im Sinne des Art. 8 GG anzusehen. Ihre Veranstalter:innen können sich nicht auf die Versammlungsfreiheit berufen[6].

5 BVerfG, Beschluss vom 24.10.2001 – 1 BvR 1190/90 – Sitzblockaden III.

6 BVerfG, Beschluss vom 12.07.2001 – 1 BvQ 28/01 – Loveparade/Fuckparade.

Dabei muss es sich nicht zwingend um Themen handeln, die auf das Handeln des Staates abzielen. Auch Versammlungen von Gewerkschaften für höhere Löhne sind genauso selbstverständlich geschützt wie eine Demonstration gegen einen Naziaufmarsch.

Einen kommunikativen Zweck verfolgen auch Zusammenkünfte, bei denen die Versammlungsfreiheit zum Zwecke plakativer oder aufsehenerregender Meinungskundgabe in Anspruch genommen wird. Der Schutz der Versammlungsfreiheit ist nicht auf bestimmte Formen der Teilhabe beschränkt, sondern umfasst **vielfältige Formen** gemeinsamen Verhaltens bis hin zu nicht verbalen Ausdrucksformen, darunter auch Sitzblockaden[7].

Zusammengefasst sind Versammlungen im Sinne des Art. 8 GG örtliche Zusammenkünfte mehrerer Personen zwecks gemeinschaftlicher Erörterung und Kundgebung mit dem Ziel der Teilhabe an der öffentlichen Meinungsbildung[8].

Kommerzielle Veranstaltungen

Auf die Versammlungsfreiheit können sich rein kommerzielle Veranstaltungen nicht berufen. Zwar ist es durchaus möglich, dass Unternehmen sich an einer Versammlung beteiligen. Ist aber der Charakter der Veranstaltung von Werbung geprägt, gibt es keinen Grund, sie dem Schutz des Versammlungsrechts zu unterstellen. Bei Veranstaltungen unter Beteiligung von Unternehmen oder bei denen

7 BVerfG, Beschluss vom 07.03.2011 – 1 BvR 388/05.

8 BVerfG, Beschluss vom 12.07.2001 – 1 BvQ 28/01 – Loveparade/Fuckparade.

ein Eintritt gefordert wird, muss das inhaltliche Anliegen der Veranstaltung im Vordergrund stehen.

Der **Christopher Street Day** in Köln ist eine politische Veranstaltung, weil darauf geachtet wird, dass auch die teilnehmenden Unternehmen das Thema der Demonstration auf ihren Lautsprecherwagen berücksichtigen.

Kommerzielle Veranstaltungen profitieren nicht von den Erleichterungen, die für Versammlungen gelten. Die Veranstalter:innen müssen alle erforderlichen Genehmigungen beantragen, wobei sie die Nutzung öffentlicher Straßen und Plätze nicht in demselben Maße beanspruchen können wie Versammlungen. Von ihnen können zudem beispielsweise Sicherheitskonzepte und Maßnahmen zu deren Umsetzung verlangt werden und sie müssen die Kosten für die Straßenreinigung selbst tragen.

Konzerte

Wenn Konzerte unter einem inhaltlichen Motto stattfinden, z. B. „Rock gegen Rechts“, können sie versammlungsrechtlich geschützt sein. Ob sie den Versammlungsbegriff des Art. 8 GG erfüllen, kann im Einzelfall allerdings schwierig zu beantworten sein. Derartige Veranstaltungen enthalten sowohl unterhaltende Elemente, als auch solche der Meinungsäußerung.

Der Schutzbereich der Versammlungsfreiheit erstreckt sich nach der Rechtsprechung des Bundesverfassungsgerichts[9] auch auf solche Veranstaltungen, „die ihre kommunikativen Zwecke unter Einsatz von Musik und Tanz verwirklichen." Werden Musik und Tanz gezielt zur kommunikativen Entfaltung eingesetzt, um auf die öffentliche Meinungsbildung einzuwirken, liegt eine Versammlung vor.

Um festzustellen, ob es sich um eine Unterhaltungsveranstaltung oder um eine Versammlung handelt, wird eine Gesamtbetrachtung vorzunehmen sein. Das inhaltliche Motto der Veranstaltung muss in der inhaltlichen und äußerlichen Gestaltung ihren Ausdruck finden. Der versammlungsrechtliche Charakter der Veranstaltung entfällt allerdings nicht durch den Umstand, dass im Programm etliche musikalische Einlagen mit mehr oder weniger intensivem Bezug zum Motto vorgesehen sind[10]. Es kommt insoweit darauf an, ob der **Schwerpunkt** der Veranstaltung bei der Meinungsäußerung oder der Unterhaltung liegt. Überwiegen die unterhaltenden Beiträge und erfolgen Meinungsäußerungen nur beiläufig, ist das Versammlungsrecht nicht anwendbar.Bei einem „**Rock gegen Rechts**" wird die Meinungsäußerung im Vordergrund stehen, wenn die inhaltliche Ausgestaltung des Konzerts (z. B. Moderation, Redebeiträge, Flugblätter) und die äußerliche Gestaltung (z. B. Transparente an der Bühne) dies nahelegen. Der Schutzbereich des Art. 8 GG ist in diesem Falle eröffnet, das Konzert ist als Versammlung anzumelden.

---

9 BVerfG, Beschluss vom 27.10.2016 - 1 BvR 458/10 – Heidenspaß-Party.

10 BVerfG, Beschluss vom 06.05.2005 – 1 BvR 961/05 – „Tag für Demokratie".

Ist ein Übergewicht des einen oder des anderen Bereichs hingegen nicht zweifelsfrei festzustellen, ist die Veranstaltung wie eine Versammlung zu behandeln. Auf das Niveau der Veranstaltung und des Beitrags zur Meinungsbildung kommt es dabei nicht an.[11]

Werden **Eintrittgelder** erhoben, ist dies für den versammlungsrechtlichen Schutz unerheblich[12]. Eintrittsgelder lassen weder die Öffentlichkeit entfallen, noch ist eine Versammlung hierdurch als vorwiegend kommerziell anzusehen. Erst wenn nach dem Gesamteindruck die Meinungskundgabe nur ein „Deckmäntelchen" für den wirtschaftlichen Geschäftsbetrieb darstellt, fällt dies nicht mehr in den Schutzbereich des Art. 8 GG.. In vielen Fällen wird es sich bei Konzerten mit Eintritt allerdings um eine Versammlung in geschlossenen Räumen (→ S. 40) handeln.

Protestcamps

Die Einordnung von Protestcamps als Versammlungen ist bislang ungeklärt. Das Bundesverfassungsgericht spricht in seinem Beschluss zum Protestcamp Entenwerder anlässlich des G20-Gipels 2017 in Hamburg davon, dass die Problematik, „ob und in welchem Umfang Art. 8 Abs. 1 GG die Einrichtung von Protestcamps unter Inanspruchnahme öffentlicher Anlagen schützt, schwierige und in der verfassungsrechtlichen Rechtsprechung ungeklärte Fragen" aufwerfe[13]. Diese könnten im Rahmen des Eilrechtsschutzes nicht beantwortet werden.

---

11 BVerfG, Beschluss vom 27.10.2016 – 1 BvR 458/10 – Heidenspaß-Party.

12 VGH Baden-Württemberg, Urteil vom 12.07.2010 – 1 S 349/10.

13 BVerfG, Beschluss vom 28.06.2017 – 1 BvR 1387/17 – Entenwerder.

Protestcamps können durch Art. 8 GG geschützt sein, weil sie eine Vielzahl von Aktivitäten wie Diskussionsveranstaltungen u. ä. mit einem übergreifenden Protestanliegen verbinden. Sie sind insoweit auf die Teilhabe an der öffentlichen Meinungsbildung gerichtet. Die Schwierigkeit liegt darin, dass sie auch „Infrastruktureinrichtungen" wie Schlafzelte, Toiletten etc. umfassen, die ihrerseits nicht unmittelbar der Meinungskundgabe dienen und damit nicht in jedem Fall der Versammlungsfreiheit unterfallen (→ S. 86). Ohne sie wäre ein Protestcamp als politische Ausdrucksform allerdings nicht möglich.

Art. 8 GG schützt auch „infrastrukturelle Ergänzungen" einer Versammlung wie Informationsstände, Sitzgelegenheiten, Imbissstände oder auch Zelte. Voraussetzung ist, dass sie „funktional-versammlungsspezifisch" eingesetzt werden. Dazu müssen sie allerdings funktional oder symbolisch zur konkreten kollektiven Meinungskundgabe notwendig sein. Zu beachten ist dabei, dass es für die Beurteilung, ob „infrastrukturelle Ergänzungen" von Art. 8 GG geschützt sind, maßgeblich auf die Darlegungen der Veranstalter:innen gegenüber der Versammlungsbehörde ankommt[14]. Ist ein Protestcamp geplant, sollte daher etwas Mühe investiert werden, um nachvollziehbar darzulegen, aus welchen Gründen die „infrastrukturellen Ergänzungen" eine Voraussetzung für die Meinungskundgabe sind.

14 VG Hamburg, Urteil vom 15.07.2020 – 10 K 307/18.

Friedlich und ohne Waffen

Nur **friedliche Versammlungen** sind von der Versammlungsfreiheit geschützt. Die Unfriedlichkeit wird in der Verfassung auf einer gleichen Stufe wie das Mitführen von Waffen behandelt.

An die Friedlichkeit dürfen keine übersteigerten Anforderungen gestellt werden. Nicht jeder Verstoß gegen Gesetze macht eine Versammlung „unfriedlich". Dies ist erst der Fall, wenn Handlungen von einiger Gefährlichkeit wie etwa aggressive Ausschreitungen gegen Personen oder Sachen oder sonstige Gewalttätigkeiten stattfinden. Kommt es zu Behinderungen Dritter, nimmt dies der Versammlung auch dann nicht die Friedlichkeit, wenn sie gewollt sind und nicht nur in Kauf genommen werden[15].

Unfriedliches Verhalten **einzelner Teilnehmender** führt nicht dazu, dass die Versammlung insgesamt als unfriedlich anzusehen ist. Für die friedlichen Teilnehmenden bleibt der Schutz des Art. 8 GG auch dann erhalten, wenn es zu Gewalttätigkeiten einzelner Personen kommt. Denn diese hätten es andernfalls „in der Hand, Demonstrationen ‚umzufunktionieren' und entgegen dem Willen der anderen Teilnehmer rechtswidrig werden zu lassen [...]; praktisch könnte dann jede Großdemonstration verboten werden, da sich nahezu immer ‚Erkenntnisse' über unfriedliche Absichten eines Teiles der Teilnehmer beibringen lassen"[16].

---

15 BVerfG, Beschluss vom 24. 10. 2001 – 1 BvR 1190/90 – Sitzblockaden III.

16 BVerfG, Beschluss vom 14.05.1985 – 1 BvR 233, 341/81 – Brokdorf.

Die Polizei ist gehalten, zunächst gegen die störenden Personen vorzugehen, bevor sie die Versammlung beschränkt oder auflöst.

Das **Waffenverbot** betrifft Waffen im technischen Sinne des § 1 WaffG. Andere gefährliche Gegenstände fallen nicht unter den verfassungsrechtlichen Waffenbegriff, auch wenn sie für die Verletzung von Personen oder die Beschädigung von Sachen bestimmt sein sollten. Im Versammlungsgesetz ist das Waffenverbot aber weiter gefasst, sodass auch Gegenstände bei Versammlungen nicht mitgeführt werden dürfen, die zur Verletzung von Personen oder Beschädigung von Sachen geeignet und bestimmt sind (→ S. 41).

Sitzblockaden

Sitzblockaden sind nach der gefestigten Rechtsprechung des Bundesverfassungsgerichts durch Art. 8 GG geschützte Versammlungen. Mit einer Sitzblockade geht in der Regel ein kommunikativer Zweck einher, die Teilnehmenden wollen Aufmerksamkeit für ihr Anliegen erreichen. Wenn die Sitzblockade keine unfriedlichen Elemente aufweist, kann sie daher rechtmäßig sein. Auch ein Anketten oder Unterhaken von Demonstrierenden reicht für sich genommen nicht aus, damit eine Versammlung unfriedlich wird.

Verfassungsrechtlich nicht geschützt sind Blockaden, die allein zu dem Zweck stattfinden, etwas zu verhindern. Ob eine solche rechtswidrige **Verhinderungsblockade** vorliegt, wird allerdings nur schwer festzustellen sein, weil hier kommunikativer Zweck und Verhinderungsabsicht ineinander übergehen.

Ein tägliches Blockadetraining auf einer Landstraße aus Protest gegen die drohende Räumung einer Waldbesetzung im Dannenröder Wald stellt keine Verhinderungsblockade dar, da diese nicht dazu geeignet ist, die kritisierten polizeilichen Maßnahmen zu verhindern[17].

Von der Friedlichkeit zu unterscheiden ist, ob eine Sitzblockade eine gemäß § 240 StGB strafbare **Nötigung** oder **Störung** einer anderen Versammlung nach § 21 VersG[18] darstellt.

Ob sich Teilnehmende einer Blockade strafbar machen, ist immer im Einzelfall zu beantworten. Dabei ist stets zwischen dem Interesse der Versammlung, eine größtmögliche Aufmerksamkeit zu erreichen, und den Interessen der durch die Blockade betroffenen Personen abzuwägen[19]. Kriterien für diese Abwägung können sein die Dauer der Blockade, der Umfang der Behinderung, die Ausweichmöglichkeiten des Betroffenen, usw. Festzuhalten ist daher, dass nicht jede Sitzblockade eine Straftat darstellt, umgekehrt aber auch nicht immer straffrei ist.

---

17 Hessischer VGH, Beschluss vom 02.10.2020 – 2 B 2369/20.

18 Art. 20 Abs. 1 Nr. 2 BayVersG; § 20 Abs. 1 Nr. 2 NVersG; § 20 VersammlG LSA. Wenn nicht zumindest mit Gewalt gedroht wird, ist die Störung einer Versammlung in Berlin und Schleswig-Holstein unter bestimmten Voraussetzungen nur eine Ordnungswidrigkeit, § 27 Abs. 1 Nr. 3 VersFG BE; § 24 Abs. 1 Nr. 3 VersFrhG SH.

19 OLG Karlsruhe, Beschluss vom 01.09.2020 – 2 Rv 35 Ss 981/19.

Wer also z. B. über mehrere Stunden oder durch Anketten einen Zugang zu einem Grundstück oder einen Aufzugweg einer nicht verbotenen Versammlung blockiert, kann möglicherweise strafrechtlich belangt werden. In der Rechtsprechung war vor allem umstritten, wann eine Blockade eine Nötigung darstellen kann. Eine Nötigung setzt nach § 240 Abs. 1 StGB voraus, dass Gewalt ausgeübt oder mit einem empfindlichen Übel gedroht wird. Das Bundesverfassungsgericht hat hier entschieden, dass eine bloße Sitzblockade nicht als „Gewalt" angesehen werden kann. Es bedürfe vielmehr eines „physischen Zwangs", der durch bloßes Sitzen aber nicht ausgeübt werde. Der Bundesgerichtshof hat daraufhin in seiner „Zweite Reihe Rechtsprechung" entschieden, dass „Gewalt" hingegen vorliegt, wenn durch eine Blockade ein Fahrzeug anhalten muss, sodass die dahinter stehenden Fahrzeuge ihren Weg nicht fortsetzen können. Auch eine bloße Sitzblockade kann in dieser Konstellation eine Nötigung sein[20].

Blockadetrainings

Blockadetrainings sind ihrerseits Versammlungen. Ist mit einem Blockadetraining beispielsweise der Aufruf zur Verhinderung einer anderen Demonstration verbunden oder sollen andere genötigt werden, kann dies zwar grundsätzlich einen Aufruf zu Straftaten darstellen. Nach Auffassung des OVG NRW steht ein Blockadetraining aber unter dem Schutz der Versammlungsfreiheit, wenn die für Sitz-

---

20 BGH, Urteil vom 20.07.1995 – 1 StR 126/95. Das Bundesverfassungsgericht hat diese „trickreiche" Rechtsprechung gebilligt, BVerfG, Beschluss vom 07.03.2011 – 1 BvR 388/05.

blockaden beschriebenen Grenzen (Friedlichkeit, keine Verhinderungsblockade, keine Nötigung) gewahrt sind[21]. Es bietet sich daher an, bei der Bewerbung öffentlicher Blockadetrainings die Friedlichkeit der beabsichtigten Blockaden herauszustellen.

Unter freiem Himmel

Das Grundgesetz unterscheidet zwischen Versammlungen unter freiem Himmel und in geschlossenen Räumen. Schon weil sie für jedermann frei zugänglich sind, weisen Versammlungen unter freiem Himmel ein deutlich höheres Gefahrenpotential auf als Veranstaltungen, die in Räumlichkeiten stattfinden. Aus diesem Grunde sind Versammlungen unter freiem Himmel stärker reglementiert.

Die Bezeichnungen „unter freiem Himmel“ und „in geschlossenen Räumen“ sind **nicht wörtlich zu nehmen**. Weil die Öffentlichkeit der Veranstaltung der Bezugspunkt ist, kommt es vielmehr darauf an, ob der Zugang zum Versammlungsort begrenzt ist. Es wäre nicht einsichtig, eine politische Veranstaltung in einem nicht überdachten Stadion mit Einlasskontrolle, bei dem Tickets nur an ausgewählte Personen ausgereicht werden, als eine Versammlung unter freiem Himmel zu behandeln, eine Demonstration in der für die Allgemeinheit zugänglichen Abfertigungshalle eines Flughafens (→ S. 72) hingegen als Versammlung in geschlossenen Räumen.

21 OVG NRW, Urteil vom 18.09.2012 – 5 A 1701/11.

Versammlungsfreiheit in zeitlicher Hinsicht

Die Versammlungsfreiheit schützt die Versammlung von der Vorbereitung bis nach ihrer Beendigung. Wäre sie nicht auch in zeitlicher Hinsicht umfassend, könnten staatliche Maßnahmen im Vorfeld die Wahrnehmung des Grundrechts aushöhlen.

Die Ankündigung einer Versammlung oder Teilnahmeaufrufe unterfallen daher Art. 8 GG genauso wie der Zugang und die Anreise zu einer Versammlung. Mit der Auflösung einer Versammlung fällt der Schutz weg, den Teilnehmenden muss allerdings die Gelegenheit gegeben werden, sich zu entfernen. Polizeikessel nach Auflösung einer Versammlung sind nur in Ausnahmefällen zulässig (→ S. 183).

Waffen- und Uniformverbot

Versammlungen können sich auf die Versammlungsfreiheit des Art. 8 GG nur berufen, wenn sie friedlich sind. Um dies abzusichern, beinhaltet das Versammlungsgesetz das grundsätzliche Verbot,

- Waffen oder sonstige Gegenstände, die ihrer Art nach zur Verletzung von Personen oder zur Beschädigung von Sachen geeignet und bestimmt sind, auf der Versammlung oder auf dem Weg dorthin mit sich zu führen (§ 2 Abs. 3 VersG[22]) sowie
- Uniformen (§ 3 Abs. 1 VersG[23]) zu tragen.

---

22 Art. 6 BayVersG; § 9 Abs. 1 VersFG BE, § 3 Abs. 2 NVersG; § 2 Abs. 3 SächsVersG; § 2 Abs. 3 VersammlG LSA; § 8 Abs. 1 VersFrhG SH.

23 Art. 7 Nr. 1 BayVersG; § 9 Abs. 2 VersFG BE; § 3 Abs. 3 NVersG; § 3 SächsVersG; § 3 VersammlG LSA; § 8 Abs. 2 VersFrhG SH.

Das **Waffenverbot** erklärt sich von selbst, mit ihm sollen gefährlichen Verhaltensweisen bereits im Ansatz vorgebeugt werden. Wer Waffen oder gefährliche Gegenstände auf einer Versammlung trägt oder wer sie zu einer Versammlung herbeischafft, macht sich gemäß § 27 Abs. 1 VersG[24] strafbar.

Unter Uniform sind nicht nur „klassische" Uniformen zu verstehen, sondern auch „normale" gleichartige Kleidungsstücke, die „als Ausdruck einer gemeinsamen politischen Gesinnung" getragen werden (z. B. Bomberjacken). Das **Uniformverbot** gab es bereits in der Weimarer Republik, es sollte einer einschüchternden uniformen Militanz[25] entgegenwirken. In diesem Sinne ist es auch heute zu verstehen und somit einschränkend auszulegen. Nicht jede gleichartig gekleidete Personengruppe hat eine einschüchternde Wirkung. Ausnahmen können für Jugendverbände beantragt werden. Dies gilt beispielsweise für Pfadfinder:innen, die durch ihre gemeinsame Kleidung, die Pfadfinderkluft, eine Zugehörigkeit zur Pfadfinderbewegung ausdrücken.

Versammlungsfreiheit und Streikrecht

Streikversammlungen sind von der Koalitionsfreiheit geschützt, unterfallen allerdings im Grundsatz den für Versammlungen geltenden Regelungen. Das bedeutet, dass sie bei der Versammlungsbehörde anzumelden sind, wenn sie unter freiem Himmel an einem öffentli-

---

24 Art. 20 Abs. 1 Nr. 1 BayVersG; § 26 Abs. 2 Nr. 1 VersFG BE; § 20 Abs. 1 Nr. 1 NVersG; § 28 Abs. 1 SächsVersG; § 26 Abs. 1 VersammlG LSA; § 23 Abs. 3 VersFrhG SH.

25 BVerfG, Beschluss vom 27.04.1982 – 1 BvR 1138/81 – Uniformverbot.

chen Ort stattfinden[26]. Bildet sich anlässlich eines Streiks vor einem Betrieb eine Ansammlung von Menschen, ist diese hingegen nicht anmeldepflichtig. Verkehrsbehinderungen, die durch sie entstehen, sind grundsätzlich hinzunehmen.

Ansammlungen von Streikposten oder Streikenden vor einem bestreikten Betrieb, die Aufgaben im Arbeitskampf wahrnehmen oder Kundinnen und Kunden, Passantinnen und Passanten oder die Öffentlichkeit allgemein vom Anliegen der Streikenden informieren, sind ein typisches Erscheinungsbild von Tarifauseinandersetzungen. Sie müssen nicht als Versammlung angezeigt werden.

Arbeitsrechtliche Streitfragen zwischen Gewerkschaft und Arbeitgeber:in sind nicht von der Polizei zu klären. Ob eine konkrete Streikmaßnahme zulässig ist, beispielsweise ein Streikposten auf dem Parkplatz der/des Arbeitgeberin/Arbeitgebers[27], müssen die Arbeitsgerichte beurteilen. Die Polizei darf nur bei Gefahren einschreiten, nicht aber streikbedingte Beeinträchtigungen des Geschäftsbetriebs polizeilich unterbinden.

Versammlungsfreiheit und Pressefreiheit

Die Presse darf über Versammlungen frei berichten, es gelten die allgemeinen Grundsätze für die Berichterstattung. Journalistinnen und Journalisten dürfen in ihrer Arbeit nicht behindert werden, können aber grundsätzlich keine Sonderrechte in Anspruch nehmen.

---

26 AG München, Urteil vom 26.01.2009 – 845 Cs 113 Js 11159/08.

27 BAG, Urteil vom 20.11.2018 – 1 AZR 189/17.

Bei Versammlungen **in geschlossenen Räumen** haben Journalistinnen und Journalisten gem. § 6 Abs. 2 VersG[28] ein Zugangsrecht, sie haben sich allerdings durch ihren Presseausweis auszuweisen.

Die Persönlichkeitsrechte der Betroffenen sind bei der Veröffentlichung von Aufnahmen zu wahren, ihre Anfertigung ist aber grundsätzlich erlaubt (→ S. 164). Gegenüber der Behörde haben Vertreter:innen der Presse einen Auskunftsanspruch, der auch die Identität des Versammlungsanmelders umfassen kann[29].

Bei Versammlungen mit einem erhöhten Gefährdungspotential stellt sich die Frage, ob Journalistinnen und Journalisten sich mit Helmen, Protektoren, u. ä. vor Verletzungen schützen dürfen. Zwar gilt das Schutzwaffenverbot (→ S. 171) für alle Personen, die an einer Versammlung teilnehmen und damit auch für Journalistinnen und Journalisten. Auch wenn damit objektiv gegen das Schutzausrüstungsverbot des § 17a Abs. 1 VersG[30] verstoßen wird, ist bei ihnen in aller Regel nicht anzunehmen, dass sie Schutzgegenstände bei sich führen, um den Zugriff von Polizeibeamtinnen und Polizeibeamten abzuwehren. Die Absicht, polizeiliche Maßnahmen abzuwehren, ist aber gerade die Voraussetzung für das Verbot von

---

28 Art. 10 Abs. 2 BayVersG; § 21 Abs. 2 VersFG BE; § 13 Abs. 3 NVersG; § 5 Abs. 2 SächsVersG; § 5 Abs. 2 VersammlG LSA; § 19 Abs. 2 VersFrhG SH.

29 VG Würzburg, Beschluss vom 13.02.2015 – W 7 E 15.81.

30 Art. 16 Abs. 1 BayVersG; § 19 Abs. 1 Nr. 2 VersFG BE; § 9 Abs. 1 NVersG; § 17 Abs. 1 SächsVersG; § 15 VersammlG LSA; § 17 Abs. 1 Nr. 2 VersFrhG SH.

Schutzausrüstung. Wer sich vor allgemeinen Gefahren schützen will, was bei Journalistinnen und Journalisten nahe liegt, darf dies tun. Wichtig ist allerdings, in diesem Falle keinen Zweifel daran zu lassen, dass man nicht Teilnehmer:in der Versammlung ist. Die sichtbare Kennzeichnung „Presse" auf der Kleidung ist daher zu empfehlen.

Um Problemen vorzubeugen, sollte die Pressestelle der Polizei informiert werden, wenn eine Berichterstattung von einer Versammlung geplant ist. Empfehlenswert ist auch, eine Handynummer der diensthabenden Pressesprecher:innen zu haben, um im Falle von Unstimmigkeiten vor Ort einen „kurzen Draht" zur Behörde zu haben. Lehnen die Einsatzkräfte vor Ort beispielsweise ab, eine Absperrung zu passieren oder gehen sie sogar davon aus, dass die Anfertigung von Fotoaufnahmen rechtswidrig ist (→ S. 164), kann ein Telefonat mit der Pressestelle die Sachlage womöglich schnell klären. Präventiv hat sich auch bewährt, sich zu Beginn vor Ort den leitenden Beamt:innen vorzustellen und mitzuteilen, dass bspw. Fotos geschossen werden sollen.

Für den Fall, dass von Journalist:innen erwartet wird, im Rahmen eines Ermittlungsverfahrens Angaben zur Sache zu machen oder sogar Fotos herauszugeben, steht ihnen gem. § 53 Abs. 1 Nr. 5 StPO ein umfassendes Zeugnisverweigerungsrecht zu, von dem Gebrauch gemacht werden sollte.

Sollten Versammlungsteilnehmer:innen, was immer wieder vorkommt, gegenüber der Polizei behaupten, eine Journalistin oder ein Journalist habe zu ihrem Nachteil eine Straftat begangen(„... hat mich ins Gesicht gefilmt..."; „... hat mich beleidigt..."), sollte gegenüber den Beamt:innen auf die Pressetätigkeit hingewiesen werden. Da der Verletzte ein Akteneinsichtsrecht hat, sollte für den Fall, dass die Personalien aufgenommen werden, zum Schutz der eigenen Person darum gebeten werden, eine Dienstadresse angeben zu dürfen. Lassen sich die Beamt:innen hierauf nicht ein, sollte nachträglich gegenüber der Staatsanwaltschaft darum gebeten werden, die Adresse im Falle der Akteneinsicht zu schwärzen.

Teil 3:
Das Versammlungsgesetz

In den meisten Bundesländern gilt das Versammlungsgesetz des Bundes. Seit der Föderalismusreform können die Länder das Versammlungsrecht regeln, bislang haben sechs Bundesländer diese Möglichkeit genutzt[31]. Aber auch wenn das Bundesversammlungsgesetz in diesen nicht gilt, ähneln sich alle Gesetze in ihrer Struktur und viele Regelungen sind identisch.

In fünf Abschnitten regelt das Versammlungsgesetz des Bundes die Durchführung von Versammlungen.

Die Struktur des Versammlungsgesetzes im Überblick:

1. Abschnitt: Allgemeines (§§ 1–4)
2. Abschnitt: Öffentliche Versammlungen in geschlossenen Räumen (§§ 5–13)
3. Abschnitt: Öffentliche Versammlungen unter freiem Himmel (§§ 14–20)
4. Abschnitt: Straf- und Bußgeldvorschriften (§§ 21–30)
5. Abschnitt: Schlussbestimmungen (§§ 31–33)

Die Unterscheidung zwischen Versammlungen in geschlossenen Räumen und unter freiem Himmel, wie sie Art. 8 GG vornimmt, spie-

31 Eigene Versammlungsgesetze gelten in Bayern (BayVersG), Berlin (VersFG BE), Niedersachsen (NVersG), Sachsen (SächsVersG), Sachsen-Anhalt (VersammlG LSA) und Schleswig-Holstein (VersFG SH).

gelt sich im Aufbau des Versammlungsgesetzes wider. Zum Teil verweisen die Regelungen im 3. Abschnitt auf die Regelungen für Versammlungen in geschlossenen Räumen. Dieses Zusammenspiel hat allerdings zur Folge, dass nicht immer leicht zu erkennen ist, welche Vorschriften anzuwenden sind.

Neben dem Versammlungsgesetz sind weitere Gesetze zu beachten, die Versammlungen unter freiem Himmel beschränken. Dies sind insbesondere die Feiertagsgesetze der Länder, nach denen an bestimmten Feiertagen nicht demonstriert werden darf. Das Bundesverfassungsgericht fordert aber, dass es für Versammlungen in geschlossenen Räumen auch an „stillen Feiertagen" Ausnahmen geben muss. Das Bayerische Feiertagsgesetz, das keine Befreiungsmöglichkeit von dem Verbot von Versammlungen am Karfreitag vorsah, hielt das Gericht für unverhältnismäßig[32].

Für Versammlungen unter freiem Himmel gilt, dass sie dann zulässig sein können, wenn sie mit dem Charakter des Feiertages vereinbar sind[33]. Ein Verbot muss sich daher immer mit der konkret geplanten Versammlung auseinandersetzen. Eine Einschränkung der Versammlungsfreiheit zum Schutz von Feiertagen hat das Bundesverfassungsgericht für zulässig gehalten. Auch bei einem christlichen Bezug des Tages, beispielsweise Karfreitag, hat das Gericht keinen Verstoß gegen die Neutralitätspflicht des Staates angenommen. Diese Rechtsprechung ist zu kritisieren, es ist nicht einzuse-

---

32 BVerfG, Beschluss vom 27.10.2016 – 1 BvR 458/10.

33 OVG Rheinland-Pfalz, Urteil vom 20.03.2013 – 7 A 11277/12.

hen, warum Feiertage die Versammlungsfreiheit derart weitreichend einschränken können sollten.

Teil 4: Die Anmeldung einer Versammlung

Entgegen dem Wortlaut des Art. 8 Abs. 1 GG („... ohne Anmeldung oder Erlaubnis ...“) müssen Versammlungen in der Regel bei der Versammlungsbehörde angemeldet werden. Für ihre Durchführung ist aber **keine Genehmigung erforderlich**. Wäre dies anders, dürfte eine Versammlung nicht stattfinden, wenn die Behörde auf eine Anmeldung nicht reagiert. Das Gegenteil ist der Fall: Will sie einen Einfluss darauf haben, wie die Versammlung abläuft, muss sie selbst tätig werden. Durch bloßes Abwarten kann sie die rechtmäßige Durchführung nicht verhindern. Angesichts dieser gravierenden Konsequenzen ist es erstaunlich, dass selbst manche Gerichte von der „Genehmigung“ einer Versammlung durch die Behörde schreiben[34].

Versammlungen sind also genehmigungsfrei, aber grundsätzlich (zu den Ausnahmen → S. 54) anmeldepflichtig. Man benötigt demnach kein Dokument der Versammlungsbehörde, das es einem erlaubt, sich mit weiteren Personen an einem Ort zu versammeln. Es ist aber üblich, dass die Versammlungsbehörde eine Anmeldebestätigung (→ S. 90) erteilt, die sie zumeist mit Hinweisen und ggf. Auflagen (→ S. 102) verbindet.

Versammlungen und Aufzüge

Das Versammlungsgesetz unterscheidet begrifflich zwischen Versammlungen und Aufzügen.

---

34 So auch die Andeutung in BVerfG, Beschluss vom 07.03.1995 – 1 BvR 1564/92.

Aufzüge sind nichts anderes als sich fortbewegende Versammlungen. Darunter fällt die „klassische“ Demonstration, die eine im Vorfeld festgelegte Wegstrecke zurücklegt. Für Aufzüge gelten nach § 19 VersG besondere Bestimmungen, im Wesentlichen werden sie aber behandelt wie alle anderen Versammlungen auch.

Anmeldepflicht

§ 14 VersG[35]

(1) Wer die Absicht hat, eine öffentliche Versammlung unter freiem Himmel oder einen Aufzug zu veranstalten, hat dies spätestens 48 Stunden vor der Bekanntgabe der zuständigen Behörde unter Angabe des Gegenstandes der Versammlung oder des Aufzuges anzumelden.

(2) In der Anmeldung ist anzugeben, welche Person für die Leitung der Versammlung oder des Aufzuges verantwortlich sein soll.

Versammlungen unter freiem Himmel erfordern wegen ihrer Außenwirkungen zumeist besondere Vorkehrungen. Die Behörden sollen Vorkehrungen für einen störungsfreien Verlauf der

35 § 13 BayVersG; § 12 VersFG BE; § 5 NVersG; § 14 SächsVersG; § 12 VersammlG LSA; § 11 VersFrhG SH.

Versammlung treffen können. Aus diesem Grunde sehen die Versammlungsgesetze eine **Anmeldepflicht** vor. Sie entfällt nicht deshalb, weil die Behörde schon auf andere Weise von der Veranstaltung erfahren hat[36].

Ob auch Versammlungen anmeldepflichtig sind, bei denen ein „Überraschungseffekt“ erzielt werden soll, beispielsweise **Flashmobs**, ist in der Rechtsprechung noch nicht entschieden. Es wird allerdings davon auszugehen sein, dass der Zweck der Versammlung einer Anmeldepflicht nicht zwingend entgegensteht. Denn durch die Anmeldung erfährt die Öffentlichkeit noch nichts von dem Vorhaben. Zu empfehlen ist deshalb, auch derartige Veranstaltungen bei der Versammlungsbehörde anzumelden.

Bei der Veranstaltung eines Flashmobs sollte die Versammlungsbehörde auf ihre Geheimhaltungspflicht hingewiesen werden. Diese ergibt sich aus § 30 VwVfG, wonach die Beteiligten eines Verwaltungsverfahrens einen Anspruch darauf haben, dass „ihre Geheimnisse [...] von der Behörde nicht unbefugt offenbart werden.“ Abgesprochen werden sollte zusätzlich, wie gewährleistet wird, dass eine frühe Polizeipräsenz nicht dazu führt, dass der Überraschungseffekt verringert wird.

36 BGH, Urteil vom 08.08.1969 – 2 StR 171/69 – Laepple.

Von der Anmeldepflicht nicht erfasst sind nach § 17 VersG[37] Gottesdienste unter freiem Himmel, kirchliche Prozessionen, Bittgänge und Wallfahrten, gewöhnliche Leichenbegräbnisse, Züge von Hochzeitsgesellschaften und hergebrachte Volksfeste.

Wer eine Versammlung organisatorisch vorbereitet oder zu ihr einlädt, ist Veranstalter:in und damit verantwortlich für die Anmeldung. Veranstalter:in kann eine natürliche Person sein, aber auch ein eingetragener Verein, ein Bündnis oder eine Initiative. Veranstalter:in ist nicht, wer eine Versammlung nur allgemein anregt, aber nicht organisatorisch verantwortlich ist.

Die mit der Anmeldung verbundenen Informationen (→ S. 58) müssen die Behörde in die Lage versetzen, zu beurteilen, was einerseits zum möglichst störungsfreien Verlauf der Versammlung an Verkehrsregelungen u. ä. veranlasst werden muss, was andererseits im Interesse Dritter (z. B. Anwohner:innen) erforderlich ist und wie beides aufeinander abgestimmt werden kann[38].

Welche Behörde die Aufgaben der Versammlungsbehörde wahrnimmt, richtet sich nach Landesrecht (Übersicht → S. 190).

Eil- und Spontanversammlungen

Die Anmeldepflicht ist nicht strikt zu handhaben; um die Versammlungsfreiheit des Art. 8 Abs. 1 GG nicht zu stark zu beschränken sind nach der Rechtsprechung des Bundesverfassungsgerichts Ausnah-

37 Die Versammlungsgesetze der Länder haben auf diese Ausnahmeregelung verzichtet. Einzige Ausnahme ist Sachsen (§ 16 SächsVersG).

38 BVerfG, Beschluss vom 14.05.1985 – 1 BvR 233, 341/81 – Brokdorf.

men erforderlich[39]. Unterschieden wird hier zwischen Eilversammlungen und Spontanversammlungen.

Bei **Eilversammlungen** ist es den Veranstalterinnen und Veranstaltern zwar nicht mehr möglich, die 48-Stunden-Frist einzuhalten, weil sich der Anlass für die Versammlung kurzfristig ergeben hat. Es ist ihnen aber möglich, die Versammlungsbehörde über die geplante Veranstaltung zu informieren – und sei es nur telefonisch. Würde in diesen Fällen auf der Anmeldefrist beharrt, so hätte das zur Folge, dass Eilversammlungen von vornherein unzulässig wären. Das aber wäre mit dem Grundrecht auf Versammlungsfreiheit nicht zu vereinbaren. Eilversammlungen sind daher anzumelden, sobald die Möglichkeit hierzu besteht. Dies wird in der Regel dann der Fall sein, wenn die Veranstalter den Entschluss fassen, eine Versammlung zu veranstalten.

Spontanversammlungen entwickeln sich ungeplant aus einem situativen Anlass, sodass sie praktisch nicht angemeldet werden können. Sie haben daher auch keine Veranstalter:innen und keine:n Leiter:in. Weil die Anmeldung hier aus tatsächlichen Gründen unmöglich ist, entfällt die Anmeldepflicht vollständig.

Für Eilversammlungen gilt die Anmeldepflicht daher nur eingeschränkt, auf Spontanversammlungen ist sie gar nicht anwendbar.

Es gibt keine starren Fristen, wann eine Versammlung noch spontan ist und wann nicht. Aus diesem Grunde kommt es immer wieder zu

---

39 BVerfG, Beschluss vom 14.05.1985 – 1 BvR 233, 341/81 – Brokdorf; BVerfG, Beschluss vom 23.10.1991 – 1 BvR 850/88 – Eilversammlungen.

Meinungsverschiedenheiten mit der Polizei. Diese besteht zumeist auf eine:n Leiter:in. Problematisch ist, dass gegenüber Personen, die sich nachträglich hierfür zur Verfügung stellen, zumeist Ermittlungsverfahren wegen Leitens einer nicht angemeldeten Versammlung eingeleitet werden. Dies ist vor allem dann unverständlich, wenn die Polizei selbst darum bittet, dass eine Versammlungsleitung benannt wird. Die Versammlungsleitung ermöglicht es der Behörde, klärungsbedürftige Fragen zu lösen. Es liegt daher in ihrem Interesse, dass jemand Verantwortung übernimmt. Die Praxis lehrt gleichwohl, dass auf die freiwillige Übernahme der Leitung einer Versammlung nicht selten eine Vorladung als Beschuldigte:r folgt, wenn unklar ist, ob eine Versammlung (noch) spontan war. Daher sollte jede:r gut überlegen, ob sie bzw. er sich in den Vordergrund drängt.

Anmeldefrist

Zwischen der Anmeldung und der öffentlichen Bekanntgabe der Versammlung müssen mindestens 48 Stunden liegen, in manchen Bundesländern gelten abweichende Fristen[40]. Das bedeutet, dass eine Versammlung nach ihrer Anmeldung am Montag um 14 Uhr erst ab Mittwoch nach 14 Uhr beworben werden darf. Die allgemeine Absicht, eine Versammlung anmelden zu wollen, kann aber bereits früher geäußert werden, auf die Nennung eines konkreten Ortes und einer genauen Uhrzeit sollte allerdings verzichtet werden.

---

40 So werden Bayern und Niedersachsen werden Samstage, Sonntage und gesetzliche Feiertage bei der Berechnung der Frist nicht berücksichtigt

Eine **Ausnahme** von der Anmeldefrist von 48 Stunden gilt für Eilversammlungen (→ S. 54). Sie müssen aber angemeldet werden, sobald die Möglichkeit hierzu besteht, in der Regel unmittelbar, wenn der Entschluss gefallen ist, eine Versammlung zu veranstalten[41]. Zeitgleich mit der Anmeldung kann dann mit der Bewerbung begonnen werden.

Spontanversammlungen können und müssen folglich auch nicht angemeldet werden.

Eine **Verletzung der Anmeldefrist** ist nicht in jedem Falle sanktioniert, insbesondere reicht eine nachträgliche Anmeldung vor Beginn der Versammlung aus. Erst die Durchführung einer nicht angemeldeten Versammlung ist nach § 26 Nr. 2 VersG strafbar, so auch in Sachsen (§ 27 Nr. 2 SächsVersG); ordnungswidrig in Bayern (Art. 21 Abs. 1 Nr. 7 BayVersG), Niedersachsen (§ 21 Abs. 1 Nr. 4 NVersG), Sachsen-Anhalt (§ 28 Abs. 1 Nr. 2 VersammlG LSA) und Schleswig-Holstein (§ 24 Abs. 1 Nr. 1 VersFG SH). In der Rechtsprechung bislang nicht hinreichend geklärt ist, ob eine nachträgliche Anmeldung noch dazu führen kann, dass die Veranstalter:innen und Versammlungsleitung straffrei bleiben, wenn sie erst nach Beginn der Versammlung erfolgt. Das Amtsgericht Eschwege hat dies angenommen[42].

---

41 BVerfG, Beschluss vom 23.10.1991 – 1 BvR 850/88 – Eilversammlungen.

42 AG Eschwege, Urteil vom 25.04.2013 – 71 Cs-1612 Js-33219/12.

Es empfiehlt sich daher, die Anmeldung im Zweifel vor Beginn der Versammlung nachzuholen, auch wenn die Frist von 48 Stunden nicht eingehalten werden kann.

Wird die Anmeldefrist nicht eingehalten, kann die Versammlungsbehörde dies bei ihrer Entscheidung, welche Auflagen sie zur Vermeidung von Gefahren erlässt, allerdings berücksichtigen. Ist wegen der Kürze der Zeit nicht mehr möglich, durch Kooperation erkennbare Gefahrenlagen zu entschärfen, muss die Versammlung diese Auflagen eher hinnehmen.

Form und Inhalt der Anmeldung

Eine bestimmte Form ist für die Anmeldung nur in Berlin vorgeschrieben[43]. Ausreichend wäre es daher, die Versammlungsbehörde telefonisch zu informieren. Sinnvoll ist ein kurzes Schreiben per Brief, Fax oder E-Mail, um später nachweisen zu können, dass eine Anmeldung erfolgt ist (Mustertext → S. 191). Viele Versammlungsbehörden stellen Vordrucke für die Anmeldung einer Versammlung zur Verfügung, die aber nicht verpflichtend sind.

In der Anmeldung sind der Gegenstand der Versammlung oder des Aufzugs und die Person des Leiters/der Leiterin anzugeben, zusätz-

43 Schriftlich, elektronisch oder zur Niederschrift (§ 12 Abs. 1 VersFG BE); in Bayern kann die Behörde bei telefonischer Anmeldung verlangen, dass sie elektronisch, schriftlich oder zur Niederschrift nachgereicht wird (Art. 13 Abs. 1 Satz 3 BayVersG).

lich Ort und Zeit, bei Aufzügen auch der Beginn und der Weg. In manchen Bundesländern muss die Anmeldung etwas detaillierter ausfallen.

Erforderlich sind in aller Regel die folgenden Mindestangaben:

- Ort der Versammlung und ggf. geplanter Streckenverlauf;
- beabsichtigter Beginn und beabsichtigtes Ende der Versammlung;
- Gegenstand der Versammlung;
- geplanter Ablauf der Versammlung;
- Name, Vornamen, Geburtsname und Anschrift der Leiterin/des Leiters;
- telefonische oder sonstige Erreichbarkeit der Leiterin/des Leiters;
- Beantragung des Einsatzes von Ordner:innen;
- Hilfsmittel (z. B. Lautsprecherwagen, Bühne).

Sinnvoll ist darüber hinaus die Angabe der erwarteten Anzahl an Teilnehmenden, die Versammlungsbehörde wird hiernach ohnehin fragen.

Ergeben sich im weiteren Verlauf der Vorbereitungen Änderungen gegenüber den Angaben der Anmeldung, beispielsweise weil zusätzliche Hilfsmittel eingesetzt werden sollen oder sich der äußere Rahmen wie Beginn oder beabsichtigtes Ende verschieben, sollte die Anmeldung gegenüber der Versammlungsbehörde aktualisiert werden. In Bayern ist eine unterbliebene Mitteilung wesentlicher Änderungen bußgeldbewehrt (Art. 21 Abs. 2 Nr. 6 BayVersG).

Die **Angaben in der Anmeldung** legen den Rahmen der Versammlung fest. Wird von ihnen bei Durchführung der Versammlung abgewichen und ist zugleich die öffentliche Sicherheit beeinträchtigt, kann die Versammlungsbehörde dazu berechtigt sein, die Versammlung aufzulösen. Dabei muss aber berücksichtigt werden, ob der Veranstalter für die Abweichung verantwortlich ist.

Dies ist beispielsweise nicht der Fall, wenn entgegen der ersten Schätzung deutlich mehr Teilnehmende erscheinen oder es zu unvorhergesehenen Abweichungen im Zeitplan kommt.

Ferner darf nicht übersehen werden, dass Versammlungen eine eigene Dynamik haben, nur **wesentliche** Abweichungen von der Anmeldung können daher eine Auflösung der Versammlung rechtfertigen. Dass z. B. der Zeitplan nicht eingehalten wird, vermag eine Auflösung daher nicht zu rechtfertigen.

Relevant sind die Angaben der Veranstalter:innen bei der Anmeldung im Besonderen für die Leiterin/den Leiter. Sie/er macht sich nach § 25 Nr. 1 VersG strafbar, wenn sie/er die Versammlung wesentlich anders durchführt. Gleiches gilt in Sachsen (§ 26 Nr. 1 SächsVersG) und Sachsen-Anhalt (§ 24 Nr. 1 VersammlG LSA), um eine Ordnungswidrigkeit handelt es sich in Berlin (§ 27 Abs. 1 Nr. 1 VersFG BE), Niedersachsen (§ 21 Abs. 1 Nr. 7 NVersG) und Schleswig-Holstein (§ 24 Abs. 1 Nr. 1 VersFG SH).

Teil 5: Das Kooperationsgespräch

Die Versammlungsbehörde ist verpflichtet, sich versammlungsfreundlich zu verhalten[44]. Sie soll auf die ordnungsgemäße Durchführung der Versammlung hinwirken und Anmelder:innen dabei unterstützen.

Die Behörden kommen dieser verfassungsrechtlichen **Kooperationspflicht** in der Praxis sehr unterschiedlich nach. Gerade bei unerfahrenen Veranstalterinnen und Veranstaltern kann es passieren, dass ihre „Beratung" mehr von Eigeninteressen getragen ist, als von dem Willen, der Versammlung zu der gewünschten Wirksamkeit zu verhelfen. Versammlungsbehörden folgen als Gefahrenabwehrbehörden eigenen Logiken, weil sie neben der Beratung der Versammlung stets auch vor Augen haben, welche Gefahren möglicherweise mit den von den Veranstalterinnen und Veranstaltern geäußerten Vorstellungen einhergehen und eine behördliche Beschränkung erfordern. Dieser Zielkonflikt führt dazu, dass manche Versammlungsbehörden dazu neigen, die Freiheiten der Versammlung gegenüber einer effektiven Gefahrenabwehr im Zweifel hintanzustellen.

44 Aus Art. 8 Abs. 1 GG folgt ein Grundsatz versammlungsfreundlichen Verhaltens, vgl. OVG NRW, Beschluss vom 03.11.2017 – 15 B 1370/17. In Schleswig-Holstein ist die Kooperationspflicht der Versammlungsbehörde gesetzlich verankert (§ 3 VersFG SH).

Verweist die Versammlungsbehörde darauf, dass eine alternative Wegstrecke „viel mehr Aufmerksamkeit erregen" würde und daher „effektiver" sei, sollte hinterfragt werden, welches Interesse hinter diesem Hinweis steht. Sicherlich kann es sein, dass der Behörde an einer effektiven Meinungskundgabe gelegen ist. Möglich ist aber auch, dass die Alternative nur der Behörde einen Vorteil bringt, beispielsweise weil der Verkehr weniger beeinträchtigt wird.

Vor allem im Vorfeld größerer Versammlungen setzt die Versammlungsbehörde im Vorfeld ein **Kooperationsgespräch** an, um den geplanten Ablauf zu besprechen und organisatorische Fragen zu klären.

Zum Umgang mit der Versammlungsbehörde

Im Gegensatz zur Versammlungsbehörde sind die Veranstalter:innen einer Versammlung nicht zur Kooperation verpflichtet, für sie besteht hierzu nur eine **Obliegenheit**[45]. Obliegenheit bedeutet, dass zwar eine unbedingte Pflicht zur Kooperation nicht besteht, die Veranstalter:innen aber die negativen Folgen, die aus der fehlenden Kooperationsbereitschaft entstehen, gegen sich gelten lassen müssen. Umgekehrt führt die Kooperation mit der Versammlungsbehörde dazu, dass die Schwelle für behördliche Maßnahmen wegen einer

45 BVerfG, Beschluss vom 24.03.2001 – 1 BvQ 13/01.

Gefährdung der öffentlichen Sicherheit höher rückt[46]. Auch wenn die Teilnahme an einem Kooperationsgespräch somit nicht verpflichtend ist, wird es in aller Regel im Interesse der Veranstalter:innen liegen, einer Einladung der Versammlungsbehörde zu folgen.

Ein Kooperationsgespräch findet nicht statt, damit die Versammlungsbehörde den Veranstalterinnen und Veranstaltern ihre Auffassung diktiert, wie die Versammlung ablaufen soll. Die Versammlungsfreiheit ist ein demokratisches Recht, keine Gnade des Staates. Daher sollen die unterschiedlichen Interessen – soweit möglich – in einen Ausgleich gebracht werden.

Grundsätzlich sollte versucht werden, durch Kompromissvorschläge eine Einigung zu erzielen. Auf Vorschläge der Behörde, die für die Veranstalter:innen nicht tragbar sind, müssen sie sich nicht einlassen. Dann ist es Sache der Behörde gegebenenfalls Auflagen zu erlassen, die gerichtlich überprüfbar sind.

Das Kooperationsgespräch hat darüber hinaus in der Regel die Funktion einer **Anhörung** im Sinne des § 28 Abs. 1 VwVfG[47] (→ S.100). Setzt die Versammlungsbehörde kein Kooperationsgespräch an und erlässt sie trotzdem Auflagen oder gar ein Versammlungsverbot, kann dies einen **Verfahrensfehler** darstellen, der zur Rechtswidrigkeit dieser Maßnahmen führen kann[48]. Denn in diesem Falle genügt die Behörde ihrer Kooperationspflicht nicht.

---

46 BVerfG, Beschluss vom 14.05.1985 – 1 BvR 233, 341/81 – Brokdorf.

47 OVG Thüringen, Beschluss vom 09.08.1996 – 2 EO 669/96.

48 VG Stuttgart, Urteil vom 04.11.2014 – 5 K 4608/03.

Rahmen des Kooperationsgesprächs

Im Kooperationsgespräch sitzen die Anmelder:innen gegebenenfalls einer Vielzahl von Personen gegenüber. Neben der Versammlungsbehörde nehmen in der Praxis auch Vertreter:innen weiterer Behörden teil, deren Zuständigkeit durch die Versammlungsanmeldung berührt ist, z. B. das Ordnungsamt oder das Grünflächenamt. Diese für Anmelder:innen zumeist ungewohnte „**Behördenfront**" kann einschüchtern.

Zu empfehlen ist, einen Ausgleich zu schaffen und nicht alleine zu einem Kooperationsgespräch zu gehen. Wie viele Personen maximal zugelassen werden müssen, ist unklar. In jedem Falle aber Veranstalter:in, Leiter:in und Stellvertreter:in. Diese können nach § 14 VwVfG zu der Besprechung mit einem Beistand oder einer Rechtsanwältin/einem Rechtsanwalt erscheinen.

Sind mehrere Personen anwesend, sollte eine Person die Aufgabe übernehmen, die wesentlichen Absprachen im Kooperationsgespräch zu protokollieren. Dies hat sich insbesondere für den Fall als hilfreich erwiesen, wenn der Auflagenbescheid gerichtlich angefochten werden muss. Aber auch die Versammlungsleitung kann mit den Einsatzkräften vor Ort besser verhandeln, wenn sie auf ein Protokoll zurückgreifen kann, vor allem wenn sie am Kooperationsgespräch nicht selbst teilgenommen hat.

Es ist jederzeit möglich, um eine **Unterbrechung des Kooperationsgesprächs** zu bitten. Dies bietet die Möglichkeit, sich zur Beratung zurückzuziehen. Gerade unerfahrene Anmelder:innen können dies nutzen, wenn sie eine Entscheidung nicht alleine treffen wollen.

Inhalt des Kooperationsgesprächs

Die Versammlungsbehörde kann von sich aus Themen ansprechen, die aus ihrer Sicht klärungsbedürftig sind. Um die eigene Position klar vertreten zu können, sollte unter den Veranstalterinnen und Veranstaltern ebenfalls im Vorfeld abgestimmt werden, was aus ihrer Sicht und voraussichtlich aufseiten der Versammlungsbehörde klärungsbedürftig ist. Dabei sollte auch festgelegt werden, inwieweit ein Entgegenkommen gezeigt werden kann und welche Punkte nicht verhandelbar sind.

In einem Kooperationsgespräch sollten alle Fragen geklärt werden, die voraussichtlich Anlass für Streitigkeiten vor Ort sein könnten (→ Checkliste, S. 69). Vermieden werden sollte, dass Behörde und Leiter:in am Tag der Versammlung über Umstände diskutieren müssen, die im Vorfeld hätten abgesprochen werden können.

Beispielsweise werden regelmäßig Auseinandersetzungen um den **Versammlungsort** geführt, wenn die Behörde in Anmeldebestätigungen darauf hinweist, der genaue Ort werde am Tag der Versammlung „mit den Einsatzkräften abgesprochen". Dies ist vermeidbar, wenn im Kooperationsgespräch der Standort auf einer Karte markiert wird.

Ein anderes Beispiel betrifft den **Zugang zur Versammlung**. Sperrt die Polizei zu weiträumig ab, gelangen Teilnehmer:innen oft erst mit erheblicher Verspätung zum Versammlungsort. Die Behörde hat aber den freien Zugang zu einer Versammlung zu gewährleisten. Daher ist es sinnvoll abzusprechen, über welchen Weg eine Anreise möglich sein wird. Dies kann dann im Vorfeld der Versammlung kommuniziert werden.

Beabsichtigt die Versammlungsbehörde, Auflagen zu erlassen, sollte sie zu den Umständen befragt werden, die zu der Annahme führen, es liege eine Gefahr für die öffentliche Sicherheit oder Ordnung vor. Zumeist wollen die Behörden aus taktischen Gründen ihre Erkenntnisse nicht im Vorfeld bekannt geben. Die Veranstalter:innen können in diesem Falle auf § 28 VwVfG verweisen, indem sie sagen:

> „Das Kooperationsgespräch dient der Anhörung nach § 28 VwVfG. Wir können uns aber nur dann sinnvoll zu den Auflagen äußern, wenn wir die für Ihre Entscheidung erheblichen Tatsachen kennen."

Hilft dies nicht weiter, sollte an die Kooperationspflicht der Behörde appelliert werden:

> „Wir wollen mit Ihnen absprechen, welche Möglichkeiten es gibt, um Ihre Bedenken zu entkräften. Dazu müssen wir aber

wissen, was Sie befürchten. Als Versammlungsbehörde haben Sie eine Kooperationspflicht, für eine vertrauensvolle Zusammenarbeit sollten beide Seiten über die relevanten Informationen verfügen.“

Mittlerweile sind einige Versammlungsbehörden dazu übergegangen, in den Anmeldebestätigungen ggf. zu vermerken, dass die Veranstalter:innen in den Erlass bestimmter Auflagen eingewilligt haben. Es ist **dringend davon abzuraten**, geplante Auflagen im Kooperationsgespräch zu akzeptieren. Abgesehen davon, dass zu diesem Zeitpunkt zumeist keine konkrete Formulierung vorliegt, wird es kaum möglich sein, noch während des Gesprächs die Rechtmäßigkeit zu prüfen. Ein Verwaltungsgericht könnte möglicherweise geneigt sein, bei einer Einwilligung das Rechtsschutzinteresse der Veranstalter:innen zu verneinen. Die Veranstalter:innen sollten geplante Auflagen daher lediglich zur Kenntnis nehmen und deutlich machen, dass sie mit ihnen nicht einverstanden sind.

Abgesprochen werden sollte, wann mit dem **Auflagenbescheid** gerechnet werden kann. Die Versammlungsbehörde muss ihn den Anmelder:innen gegenüber rechtzeitig erlassen, weil die Zeit drängt. Ein am Freitagnachmittag bekannt gegebener Auflagenbescheid für eine Versammlung am Samstag bedeutet, dass Rechtsschutz beim Verwaltungsgericht kaum mehr zu erlangen sein wird.

Auf Bedingungen, die aus ihrer Sicht nicht akzeptabel sind, müssen sich Anmelder:innen nicht einlassen. Kommen beide Seiten nicht zu einer gemeinsamen Position, kann die Versammlungsbehörde den Veranstalterinnen und Veranstaltern Auflagen machen (→ S. 102), die im Eilverfahren vor dem Verwaltungsgericht überprüft werden können.

Checkliste Kooperationsgespräch

Im Kooperationsgespräch sollten folgende Punkte angesprochen werden:

- ☑ Wie ist die Versammlungsbehörde am Tag der Versammlung telefonisch zu erreichen?
- ☑ Wer wird als Ansprechpartner:in der Polizei vor Ort sein?
- ☑ Wie ist der Zugang zur Versammlung gewährleistet bzw., welcher Anreiseweg sollte den Teilnehmenden empfohlen werden?
- ☑ Wo werden polizeiliche Sperrstellen stehen?
- ☑ Wo ist der Versammlungsort genau?
- ☑ Welche Hilfsmittel werden eingesetzt?
- ☑ Welche Probleme gab es bei früheren Versammlungen?
- ☑ Wann ist mit der Anmeldebestätigung/dem Auflagenbescheid zu rechnen?

Selbstbestimmungsrecht der Versammlung

Der Veranstalterin/dem Veranstalter kommt ein **Selbstbestimmungsrecht** über Ort, Zeitpunkt, Art und Inhalt der Versammlung zu.

> „Die Bürgerinnen und Bürger sollen damit selbst entscheiden können, wo sie ihr Anliegen – gegebenenfalls, aber nicht notwendig auch mit Blick auf Bezüge zu bestimmten Orten oder Einrichtungen – am wirksamsten zur Geltung bringen können."[49]

Das hat zur Folge, dass die Versammlungsbehörde die Planungen der Veranstalterinnen und Veranstalter grundsätzlich hinzunehmen hat. Es ist ihr nicht erlaubt, beliebig Einfluss auf den Ablauf einer geplanten Versammlung zu nehmen.

Die Behörde hat im Normalfall lediglich zu prüfen, ob durch die Wahl des konkreten Versammlungsorts Rechte anderer oder sonstige verfassungsrechtlich geschützte Rechtsgüter der Allgemeinheit beeinträchtigt werden. Ist dies der Fall, können die Veranstalter:innen die Bedenken durch eine Veränderung des geplanten Ablaufs ausräumen. Erst wenn dies nicht möglich ist oder die Veranstalter:innen dies nicht wollen, kommen versammlungsrechtliche Auflagen (→ S. 102) in Betracht[50]. Bei dem Erlass von Auflagen hat die Behörde allerdings darauf zu achten, dass die verschiedenen Rechte in einen

---

49 BVerfG, Beschluss vom 18.07.2015 – 1 BvQ 25/15.

50 OVG NRW, Beschluss vom 03.11.2017 - 15 B 1370/17.

angemessenen Ausgleich zu bringen sind. Eine einseitige bzw. übermäßige Beschränkung der Versammlung ist rechtswidrig.

Ort

Die Veranstalter:innen bestimmen den Ort der Versammlung, bei Aufzügen auch den Weg, der zurückgelegt werden soll. Die bereits erwähnten Vorschläge der Behörde (→ S. 62) für Änderungen müssen nicht berücksichtigt werden und es bedarf auch keiner Begründung, warum ein bestimmter Ort oder eine bestimmte Steckenführung gewählt wird. Die Behörde hat im Normalfall lediglich zu prüfen, ob durch die Wahl des konkreten Versammlungsorts Rechte anderer oder sonstige verfassungsrechtlich geschützte Rechtsgüter der Allgemeinheit beeinträchtigt werden[51].

Hat der gewählte Ort eine inhaltliche Bedeutung für die Versammlung, kann dies dazu führen, dass höhere Anforderungen an Auflagen der Behörde gestellt werden. Denn in diesem Falle führt die Veränderung des Ortes oder der Streckenführung dazu, dass die Meinungskundgabe selbst beeinträchtigt wird.

Zugangsrecht

Das Bundesverfassungsgericht hat in seiner wegweisenden Fraport-Entscheidung[52] einen Zugang zu Orten ermöglicht, bei denen es sich mit Blick auf die tatsächlichen Verhältnisse um **Orte der allgemeinen Kommunikation** handelt, beispielsweise die Abfertigungshalle

---

51 OVG NRW, Beschluss vom 27.04.2017 – 15 B 491/17.

52 BVerfG, Urteil vom 22.02.2011 – 1 BvR 699/06 – Fraport.

des Frankfurter Flughafens. Dies gilt unabhängig davon, ob die Flächen sich in eigenen Anlagen befinden oder in Verbindung mit Infrastruktureinrichtungen stehen, überdacht oder im Freien angesiedelt sind. Auf Flächen, für die ein allgemeiner Verkehr eröffnet ist und die im Eigentum des Staates oder einer vom Staat „beherrschten" Gesellschaft stehen, können Versammlungen daher stattfinden.

Auch ein der Öffentlichkeit allgemein geöffnetes und zugängliches Straßen- und Wegenetz auf dem Gelände eines in Privatrechtsform betriebenen Unternehmens der öffentlichen Hand ist vom Schutzbereich der Versammlungsfreiheit erfasst, selbst wenn es nicht einer Einkaufsstraße oder Fußgängerzone, sondern eher einem Gewerbegebiet gleichgestellt werden kann[53]. Gleiches gilt für eine öffentliche Grünfläche, auf der ein Lebensmittelmarkt errichtet werden soll. Auch diese ist ein Ort des allgemeinen kommunikativen Verkehrs, eine Versammlung gegen den Bau des Lebensmittelmarktes ist dort zulässig[54]. Nach zweifelhafter Auffassung des Verwaltungsgerichts Stuttgart[55] soll hingegen die Kopfbahnsteighalle des Hauptbahnhofs in Stuttgart wegen der „stark zweckorientierten architektonischen Gestaltung" der Bahnsteighalle wie auch der „konkreten Anordnung und Ausgestaltung des Gastronomieangebots" nicht die Anforderungen erfüllen, die an einen Ort allgemeinen kommunikativen Verkehrs zu stellen sind.

53 BGH, Urteil vom 26.06.2015 - V ZR 227/14.

54 OVG NRW, Beschluss vom 27.02.2014 – 5 B 243/14.

55 VG Stuttgart, Beschluss vom 20.11.2014 – 5 K 5117/14.

Die Durchführung von Versammlungen etwa in Verwaltungsgebäuden oder in eingefriedeten, der Allgemeinheit nicht geöffneten Anlagen ist durch Art. 8 Abs. 1 GG nicht geschützt. In einem öffentlichen Schwimmbad oder einem Krankenhaus kann deshalb keine Versammlung beansprucht werden[56]. Auch in Fahrzeugen der U-Bahnen, Straßenbahnen und in öffentlichen Bussen sowie im Bereich von Betriebsanlagen öffentlicher Verkehrsmittel, für deren Betreten ein gültiger Fahrschein benötigt wird, ist kein Ort der allgemeinen Kommunikation eröffnet[57].

Ob auch **Privatgrundstücke** für Versammlungen beansprucht werden können, wenn der Staat nicht oder nur in geringem Umfang beteiligt ist, hat das Bundesverfassungsgericht noch nicht entschieden. Es hat anlässlich eines Flashmobs[58] eine Versammlung auf dem Nibelungenplatz in Passau, der im Eigentum einer privaten Gesellschaft steht, zwar zugelassen:

> „Der beabsichtigte Ort der Versammlung steht zwar im Eigentum einer Privaten, ist zugleich aber für den Publikumsverkehr offen und schafft nach den Feststellungen des Landgerichts einen Raum des Flanierens, des Verweilens und der Begegnung, der dem Leitbild des öffentlichen Forums entspricht“[59].

Zu berücksichtigen ist allerdings, dass die Entscheidung auf der Grundlage einer Folgenabwägung getroffen wurde. Für das Gericht

---

56 BVerfG, Urteil vom 22.02.2011 – 1 BvR 699/06 – Fraport.

57 VG Ansbach, Beschluss vom 30.06.2017 - AN 4 S 17.1195.

58 BVerfG, Beschluss vom 18.07.2015 – 1 BvQ 25/15 – Bierdosen-Flashmob.

59 BVerfG, Beschluss vom 18.07.2015 – 1 BvQ 25/15 – Bierdosen-Flashmob.

war maßgeblich, welche Folgen der Erlass oder Nichterlass der beantragten einstweiligen Anordnung hätte. Weil die Versammlung sonst gänzlich verhindert worden wäre, hat es die Rechte des Eigentümers ausnahmsweise zurücktreten lassen.

Damit bleibt es zunächst den Zivilgerichten überlassen, die Reichweite der Versammlungsfreiheit gegenüber Privaten zu bestimmen. Wie dies aussehen könnte, ist zum jetzigen Zeitpunkt nicht absehbar. Das Bundesverfassungsgericht mahnt allerdings an, dass die Versammlungsfreiheit gegenüber der Tendenz, dass staatliche Funktionen zunehmend von privaten Unternehmen übernommen werden, nicht zu einer Schwächung der Versammlungsfreiheit führen kann:

> „Je nach Gewährleistungsinhalt und Fallgestaltung kann die mittelbare Grundrechtsbindung Privater einer Grundrechtsbindung des Staates nahe oder auch gleich kommen. Für den Schutz der Kommunikation kommt das insbesondere dann in Betracht, wenn private Unternehmen die Bereitstellung schon der Rahmenbedingungen öffentlicher Kommunikation selbst übernehmen und damit in Funktionen eintreten, die früher in der Praxis allein dem Staat zugewiesen waren“[60].

Wenn heute die Kommunikationsfunktion der öffentlichen Straßen, Wege und Plätze zunehmend durch weitere Foren wie Einkaufszentren, Ladenpassagen oder durch private Investoren geschaffene und betriebene Plätze als Orte des Verweilens, der Begegnung, des Fla-

60 BVerfG, Beschluss vom 18.07.2015 – 1 BvQ 25/15 – Bierdosen-Flashmob.

nierens, des Konsums und der Freizeitgestaltung ergänzt wird, kann die Versammlungsfreiheit für die Verkehrsflächen solcher Einrichtungen wohl nicht gänzlich ausgenommen werden.

Festzuhalten ist, dass Versammlungen grundsätzlich dort durchgeführt werden können, wo ein öffentlicher Verkehr eröffnet ist, insbesondere wenn die Fläche (auch) im Eigentum des Staates steht. Ein Zugangsrecht zu der Öffentlichkeit nicht zugänglichen Orten besteht hingegen nicht.

Befriedete Bannkreise

Versammlungen sind nach § 16 Abs. 1 Satz 1 VersG innerhalb von befriedeten Bannkreisen, die durch das Gesetz über befriedete Bezirke für Verfassungsorgane des Bundes (BefBezG) und entsprechende landesrechtliche Regelungen bestimmt werden, nicht erlaubt. Wenn sie die Tätigkeit des durch den Bannkreis geschützten Verfassungsorgans wie z. B. eines Landtages nicht beeinträchtigen, können Versammlungen aber ggf. auch dort ausnahmsweise zugelassen werden.

Beachtungserfolg

Das Grundrecht auf Versammlungsfreiheit schützt das Interesse der Versammlung an einem **„Beachtungserfolg"** nach ihren Vorstellungen[61]. Die Versammlung soll selbst entscheiden, an welchen Ort sie ihre Ziele am effektivsten verfolgen kann. Daher ist auch das Interesse einer Gegenversammlung auf eine möglichst große Nähe zu der

61 BVerfG, Beschluss vom 06.06.2007 – 1 BvR 1423/07.

Versammlung, gegen die sich der Protest richtet, geschützt[62]. Grundsätzlich kann daher verlangt werden, dass Protest in **Hör- und Sichtweite** geäußert werden kann.

Für eine **Verlegung des Versammlungsortes** oder der Demonstrationsroute, die als Auflage (→ S. 102) verfügt werden kann, werden hohe Anforderungen an die Gefahrenprognose der Versammlungsbehörde (→ S. 95) zu stellen sein. Die Verlegung des Versammlungsortes oder eine großräumige Absperrung stellen Einschränkungen des Selbstbestimmungsrechts dar, die nur bei gewichtigen entgegenstehenden Interessen (z. B. Schutz von Leben und Gesundheit) zulässig sind.

Verkehrsbeeinträchtigungen, Beeinträchtigungen von Passanten, Anliegern und Gewerbetreibenden, Lärmbelästigungen und dergleichen sind der Versammlung und dem Demonstrationszug immanent und daher grundsätzlich hinzunehmen[63]. Die Beeinträchtigungen sind zwar so gering wie möglich zu halten, aber nicht um den Preis, dass die Effektivität der Meinungskundgabe vereitelt wird.

Konkurrenz zu anderen Veranstaltungen

Wollen **mehrere Veranstalter:innen** einen Ort zur selben Zeit nutzen ist zu entscheiden, welche Versammlung vorrangig ist. Die Versammlungsbehörde muss dabei ihre Neutralität wahren, sie darf nicht ohne nähere Begründung eine ihr genehme Versammlung bevorzugen.

---

62 BVerfG, Beschluss vom 06.06.2007 – 1 BvR 1423/07.

63 VG Würzburg, Urteil vom 21.01.2015 – W 5 K 13.346.

Eine einfache Lösung wäre, streng nach der Reihenfolge der Anmeldungen zu verfahren. Eine Entscheidung nach einem solchen Prioritätsprinzip oder auch „Windhundprinzip" mag auf den ersten Blick einfach und transparent sein. Es hat jedoch den Nachteil, dass ausschließlich die Interessen der früher angemeldeten Versammlung berücksichtigt werden. Zudem besteht die Gefahr, dass Versammlungen an bestimmten Orten sehr frühzeitig – gegebenenfalls Jahre im Voraus – auf Vorrat angemeldet werden könnten, mit der Folge, dass Versammlungen an diesem Ort und Tag nicht möglich sind.

Die Versammlungsbehörde muss deshalb die jeweiligen Interessen der konkurrierenden Versammlungen gegeneinander abwägen. Dabei hat sie nach der Maßgabe zu verfahren, dass möglichst beide Veranstaltungen ihr Ziel, auf die öffentliche Meinungsbildung einzuwirken, so effektiv wie möglich erreichen. Dies kann sie unter anderem durch zeitliche oder räumliche Beschränkungen der einen wie auch der anderen Versammlung erreichen.

Anlässlich des AfD-Parteitags im April 2017 untersagte die Versammlungsbehörde dem Bündnis „Köln gegen Rechts" eine Versammlung auf dem Heumarkt zugunsten von „Köln stellt sich quer". Das Verwaltungsgericht Köln gab einem Eilantrag von „Köln gegen Rechts" statt. Der Heumarkt sei in Hör- und Sichtweite des Hotels Maritim, in dem der Parteitag stattfand. Demgegenüber sei die von der Behörde angeführte

Ausweichfläche deutlich weniger attraktiv[64]. Nach Auffassung des Verwaltungsgerichts konnten beide Veranstaltungen – zeitlich versetzt – auf dem Heumarkt stattfinden. Dadurch musste „Köln stellt sich quer“ zwar leichte Einschränkungen hinnehmen, „Köln gegen Rechts“ wurde hingegen nicht übermäßig benachteiligt.

Ist es nicht möglich, dass beide Versammlungen parallel oder zeitlich nacheinander stattfinden, darf die Versammlungsbehörde unter Wahrung ihrer Neutralität mittels Auflagen reagieren, um eine örtliche Überschneidung beider Veranstaltungen zu vermeiden.

Für eine **Abweichung von der Reihenfolge der Anmeldungen** können in diesem Falle allerdings nur wichtige Gründe sprechen, etwa die besondere Bedeutung des Ortes und Zeitpunktes für die Verfolgung des jeweiligen Versammlungszwecks. Auch hier bedarf es insoweit einer Abwägung der beiderseitigen Interessen der Versammlungen.

Der Senat des Landes Berlin veranstaltet, nachdem er von der Anmeldung einer Demonstration von Neonazis für den Tag der Befreiung vom Faschismus am 8. Mai zum Brandenburger Tor erfahren hat, dort einen „Tag für Demokratie“. Hier geht der Anstoß von der Anmeldung aus. Es ist aber nicht festzu-

64 VG Köln, Beschluss vom 19.04.2017 – 20 L 1634/17.

stellen, dass die Veranstaltung des Senats ausschließlich oder überwiegend zur Verhinderung des Aufmarschs stattfindet, zumal der 8. Mai für die Bundesrepublik Deutschland ein „in hervorgehobenen Maße bedeutsamer Tag“ ist[65]. Die Versammlungsbehörde darf daher eine Auflage erlassen, nach der die Neonazis nicht zum Brandenburger Tor ziehen dürfen.

Dass auf einem Platz bereits eine anderweitige Veranstaltung, zum Beispiel ein Informationsstand stattfindet, mag unter Berücksichtigung dieser Rechtsprechung des Bundesverfassungsgerichts somit dazu führen, dass die konkurrierende Nutzung gegenüber einer anderen Veranstaltung zurückzutreten hat[66].

Eine Gegenversammlung wird allerdings nicht verlangen können, dass der Versammlung, gegen die sich der Protest richtet, ein anderer Ort zugewiesen wird. Die zeitlich früher angemeldete Versammlung ist hier vorrangig (→ S. 83).

Zeit

Der Tag wie auch die Uhrzeit einer Versammlung ist vom Selbstbestimmungsrecht umfasst. Es stellt einen Eingriff in die Versammlungsfreiheit dar, will die Versammlungsbehörde eine zeitliche

---

65 BVerfG, Beschluss vom 05.05.2005 – 1 BvR 961/05.

66 BVerfG, Beschluss vom 05.05.2005 – 1 BvR 961/05.

Beschränkung festlegen. Hierfür bedarf es besonders gewichtiger Gründe.

Eine Beschränkung der **Dauer einer Versammlung** ist der Behörde grundsätzlich nicht erlaubt, auch Dauerversammlungen sind hiernach eine zulässige Form der Versammlungsgestaltung[67].

Ein pauschales Verbot, zur **Nachtzeit** zu demonstrieren, gibt es nicht. Versammlungen dürfen auch nach 22:00 Uhr stattfinden, etwas anderes gilt ausnahmsweise, wenn eine Versammlung zur Nachtzeit gerade stattfinden soll, um Anwohner zu belästigen. Denn der von Versammlungen ausgehende Lärm ist nur so weit gerechtfertigt, wie er eine Nebenfolge ihrer Durchführung ist[68]. Die Versammlungsbehörde kann allerdings Auflagen erlassen, um die Nachtruhe von Anwohnerinnen zu schützen. Dabei kann sie sich an den für Lautsprecher geltenden Grenzwerten (→ S. 113) orientieren.

Art und Inhalt

Die Veranstalter entscheiden selbst darüber, welche Inhalte sie in die Öffentlichkeit tragen und in welcher Form sie dies tun wollen.

Die Versammlungsfreiheit ist „nicht auf Veranstaltungen beschränkt, auf denen argumentiert und gestritten wird“[69]. Es gibt zahlreiche Möglichkeiten, ein Anliegen auszudrücken. Es wäre daher mit Art. 8 GG unvereinbar, von vornherein festzulegen, welche Ausdrucksformen verfassungsrechtlich geschützt sind. Mahnwachen

67 VG Berlin, Beschluss vom 02.11.2012 – VG 1 L 299.12.

68 VG Karlsruhe Beschluss vom 05.09.2017 –7 K 11854/17.

69 BVerfG, Beschluss vom 14.05.1985 – 1 BvR 233, 341/81 – Brokdorf.

sind aus diesem Grunde ebenso als Versammlungen angesehen worden wie Lichterketten oder Schweigeveranstaltungen. Auch neue Protestformen wie Flashmobs unterliegen dem **Selbstbestimmungsrecht der Versammlung**.

Gestaltungsfreiheit

Wird der Versammlung verboten, in bestimmter Weise ihr Anliegen zu äußern, greift dies in ihr **Selbstbestimmungsrecht** ein. Hierdurch wird die Teilhabe an der öffentlichen Meinungsbildung beschränkt. Typischerweise ist dies der Fall, wenn bestimmte Aufrufe, das Singen gemeinsamer Lieder, das Tragen von Fahnen oder Transparenten untersagt oder behindert werden.

> Unzulässig ist daher eine Auflage, nach der Musikdarbietungen „einen maximalen Anteil von 50 % nicht überschreiten" dürfen, sich mit Redebeiträgen abwechseln müssen und jeweils nicht mehr als 15 Minuten betragen dürfen. Es ist bereits nicht ersichtlich, welchen Gefahren mit einer solchen Auflage begegnet werden soll.

Redeverbote und vergleichbare Maßnahmen, die auf den inhaltlichen Ablauf der Versammlung abzielen, berühren ebenfalls das Selbstbestimmungsrecht und sind daher – von Ausnahmefällen abgesehen, bei denen bspw. mit strafbaren Handlungen von Redner:innen wie Volksverhetzungen zu rechnen ist – in der Regel nicht zulässig.

Besonders hervorzuheben ist, dass Ausdrucksformen, die in einem **inneren Zusammenhang** mit dem Thema der Versammlung stehen, nicht durch das Versammlungsgesetz beschränkt werden. Das Vermummungsverbot hindert die Versammlung daher beispielsweise nicht daran, ihr Anliegen durch Verkleidungen oder Maskierungen sichtbar zu machen (→ S.174).

Es ist nicht Sache der Versammlungsbehörde zu bewerten, ob in der Versammlung geäußerte **Inhalte wertvoll oder wertlos** sind, ob sie sachlich oder unsachlich vorgetragen werden, ob sie begründet oder unbegründet sind. Dies gilt vor allem, wenn das Handeln von Behörden kritisiert wird. Das Recht, Maßnahmen der öffentlichen Gewalt ohne Furcht vor staatlichen Sanktionen auch scharf kritisieren zu können, gehört zum Kernbereich der Meinungsfreiheit aus Art. 5 GG[70]. Eine Grenze der Äußerungsfreiheit bilden die Strafgesetze, bei deren Verletzung die Behörde einschreiten kann.

Musik und GEMA

Das Abspielen von Musik ist typisch für Versammlungen. Selbst wenn Lieder keinen unmittelbaren Bezug zum Gegenstand der Versammlung haben, ist **Musik als Gestaltungsmittel** vom Selbstbestimmungsrecht der Versammlung umfasst. Ob Veranstalter:innen eine Band einladen oder auf Musik aus der „Konserve“ setzen, ist ihnen überlassen. Die Gestaltungsfreiheit der Versammlung führt dazu, dass die Versammlungsbehörde das Abspielen von Liedern nicht auf aus ihrer Sicht sinnvolle oder meinungsbildende Musikstü-

70 BVerfG, Beschluss vom 24.07.2013 – 1 BvR 444/13 und 1 BvR 527/13.

cke beschränken darf. Denn Musik kann dazu genutzt werden, Aufmerksamkeit für spätere Beiträge zu erregen. Die Auswahl liegt in der Gestaltungsfreiheit der Veranstalter:innen. Erst wenn sich die Versammlung im Abspielen von Musik erschöpft und insoweit keinerlei Teilnahme an der öffentlichen Meinungsbildung beabsichtigt ist, liegt keine von Art. 8 GG geschützte Versammlung mehr vor.

Das Abspielen und auch das Aufführen urheberrechtlich geschützter Musikstücke setzt, wenn der Urheber einen Wahrnehmungsvertrag geschlossen hat, eine Lizenzierung durch die Verwertungsgesellschaft GEMA voraus. Eine öffentliche Musiknutzung muss im Vorfeld bei der GEMA angemeldet werden. Wie hoch die Lizenzvergütung ausfällt, hängt von verschiedenen Faktoren ab.

Viele Organisationen, beispielsweise Parteien oder Verbände, haben einen Rahmenvertrag mit der GEMA abgeschlossen. Geprüft werden sollte gegebenenfalls, ob dieser die Nutzung auf der Versammlung abdeckt.

Verhältnis Versammlung und Gegenversammlung

Eine Versammlung ist nicht „mehr“ oder „weniger“ wert als andere. Dies gilt unabhängig von ihrer Größe, ihrem Thema oder dem Zeitpunkt ihrer Anmeldung. Kommt es bei zwei angemeldeten Versammlungen zu Nutzungskonflikten, etwa weil der gleiche Ort für beide Versammlungen beansprucht wird, müssen die entgegenstehenden Interessen durch die Versammlungsbehörde in einen **angemessenen Ausgleich** gebracht werden.

Eine Gegenversammlung wird in dieser Konstellation nicht verlangen können, den von der anlassgebenden Versammlung angemeldeten Ort zu belegen. Zwar muss sich die Behörde nicht streng an der zeitlichen Reihenfolge der Anmeldungen orientieren, solange sie ihre Neutralität wahrt (→ S. 76). Dennoch wird sie den Ort auch dann, wenn die anlassgebende Versammlung nur klein ist, nicht ohne Weiteres der Gegenversammlung überlassen dürfen. Dies gilt vor allem, wenn die spätere Anmeldung allein oder überwiegend zu dem Zweck erfolgt ist, die zuerst angemeldete Versammlung an diesem Ort zu verhindern[71]. Die später angemeldete Veranstaltung ist zwar nicht schon deshalb nachrangig, weil die zuerst angemeldete Versammlung einen Anstoß zur Durchführung der später angemeldeten Versammlung gegeben hat. Lässt sich aber feststellen, dass eine Gegenversammlung vorrangig die früher angemeldete Versammlung verhindern will, darf die Behörde ausnahmsweise von der Reihenfolge der Anmeldungen nicht mehr abweichen.

Sicherheitskonzept und Rettungswege

Anders als bei kommerziellen Veranstaltungen ist es nicht Sache der Veranstalter:innen einer Versammlung, besondere Sicherheitsvorkehrungen zu treffen oder gar ein ausgefeiltes **Sicherheitskonzept** vorzulegen. Für die Sicherheit bei Versammlungen sind die Behör-

71 BVerfG, Beschluss vom 06.05.2005 – 1 BvR 961/05

den zuständig. Die Tendenz, diese Aufgabe auf die Veranstalter:innen abzuwälzen, ist kritisch zu sehen.

Hat die Versammlungsbehörde konkrete Sicherheitsbedenken, muss sie diese im Kooperationsgespräch thematisieren, um Lösungen abzusprechen. Gegebenenfalls muss sie unmittelbaren Gefahren durch Auflagen begegnen. Erst wenn trotz solcher Auflagen z. B. aufgrund des Ablaufs der Versammlung, der örtlichen Gegebenheiten oder aufgrund der Besonderheiten des An- und Abreiseverkehrs eine erhebliche Gefahr für Leib und Leben besteht, kommt ein Verbot der Versammlung als äußerstes Mittel in Betracht[72]. Noch ungeklärt ist, ob und unter welchen Bedingungen der Versammlung aufgegeben werden kann, Infrastruktureinrichtungen (z. B. Toiletten) vorzuhalten. Dies dürfte abzulehnen sein, weil andernfalls die Durchführung der Versammlung von der Finanzkraft der Veranstalter:innen abhinge.

Die Versammlungsbehörden verweisen zur Begründung von Auflagen zunehmend auf freizuhaltende **Rettungs- und Fluchtwege**. Dies ist nur dann tragfähig, wenn konkret dargelegt ist, an welcher Stelle ein Zugang von Rettungskräften nicht gewährleistet ist. Dabei ist zu berücksichtigen, dass die Versammlung im Notfall eine Rettungsgasse bilden kann, gegebenenfalls unterstützt durch die Versammlungsleitung und Ordner:innen[73].

72 VG Aachen, Beschluss vom 05.10.2018 – 6 L 1490/18.

73 VG Düsseldorf, Beschluss vom 30.08.2018 – 18 L 2570/18.

Hilfsmittel

Die Versammlungsfreiheit schließt das Recht ein, die für die Veranstaltung vorgesehenen **Hilfsmittel** selbst zu bestimmen. Klassische Hilfsmittel sind Transparente, Fahnen, Flugblätter, Lautsprecherwagen, Megafone, Trillerpfeifen etc. Aber nicht die Benutzung jeglicher Gegenstände ist von der Versammlungsfreiheit gedeckt.

Die Rechtsprechung ordnet Hilfsmittel (Zelte, Sitzgelegenheiten etc.) dann dem Schutzbereich der Versammlungsfreiheit zu, wenn sie zur Verwirklichung des Versammlungszwecks **funktional oder symbolisch notwendig** für die Meinungskundgabe sind. In welchem Umfang und mit welchen Maßgaben die Versammlungsfreiheit auch **Infrastruktureinrichtungen** erfasst, ist in der Rechtsprechung des Bundesverfassungsgerichts weitgehend ungeklärt[74]. Diese Problematik betrifft insbesondere die Errichtung von Protestcamps (→ S. 34). Es gilt, dass ein Hilfsmittel umso eher von der Versammlungsfreiheit umfasst ist, je enger der inhaltliche Zusammenhang mit der Versammlung ist.

Sollen allgemeine **Informationsstände** oder andere nicht dem Versammlungszweck dienende Stände (→ S. 89) aufgebaut werden, ist eine Sondernutzungserlaubnis erforderlich. Musikalische und tänzerische Darbietungen sowie Straßentheater und Hilfsmittel, die dem Zweck der Versammlung dienen, sind von der Versammlungsfreiheit erfasst und bedürfen hingegen keiner Sondernutzungserlaubnis. Sie sind mit der Anmeldung als Versammlung von der Genehmigungs-

74 BVerfG, Beschluss vom 28.07.2017 – 1 BvR 1387/17 – Entenwerder.

pflicht ausgenommen (sog. **Konzentrationswirkung** des Versammlungsrechts).

Die Nutzung von **Lautsprechern** darf nicht generell mit der Begründung untersagt werden, die Anwohner könnten hierdurch „gestört" werden[75]. Eine Auflage, nach der sie auf die Versammlungsteilnehmer:innen auszurichten sind, ist rechtswidrig. Lautsprecher dienen nicht nur der Kommunikation in die eigene Versammlung, sondern auch nach außen[76]. Gerade die Kontaktaufnahme zu Personen, die nicht an der Versammlung teilnehmen, ist grundrechtlich geschützt.

Lautsprecherwagen sind schon lange zentrale Hilfsmittel von Versammlungen und vom Schutz der Versammlungsfreiheit umfasst[77]. Sie sind nicht lediglich ein Mittel zur Fortbewegung, das z. B. durch Handkarren oder Bollerwagen ersetzt werden könnte. Eine qualitativ hochwertige Lautsprecheranlage benötigt eine externe Stromversorgung durch einen Generator, der auf der Ladefläche eines LKW betrieben werden kann. Handkarren oder Bollerwagen sind hingegen nicht feuerfest, auch werden hinreichend leistungsstarke akkubetriebene Lautsprecher aufgrund ihrer Größe und ihres Gewichts nicht auf diese Weise zu transportieren sein. Zudem wird durch die höhere Positionierung der Boxen auf einem Wagen eine deutlich bessere Akustik erreicht. Lautsprecherwagen sind eine Bühne für die Redner:innen, durch sie werden Redebeiträge auch optisch besser

---

75 VG Magdeburg, Beschluss vom 20.08.2014 – 1 B 915/14.

76 OVG Berlin-Brandenburg, Urteil vom 18.11.2008 – 1 B 2.07 2311/94; Hess. VGH, Beschluss vom 31.05.2012 – 8 A 514/12.

77 BVerwG, Urteil vom 16. Mai 2007 – 6 C 23.06; OVG NRW, Beschluss vom 06.07.2018 – 15 B 974/18.

wahrnehmbar. Nicht zuletzt werden Lautsprecherwagen in vielen Fällen mit Bannern oder Fahnen behangen, auch hierdurch werden die Inhalte der Versammlung sichtbar.

Flugblätter dienen ebenfalls der Außenkommunikation, sie dürfen daher verteilt werden (zu den presserechtlichen Anforderungen → S. 162). Einer Erlaubnis bedarf es hierfür nicht[78]. Unwesentliche Belästigungen Dritter dadurch, dass diese mit ihnen unliebsamen Themen konfrontiert werden, können ein Verbot des Verteilens von Flugblättern nicht rechtfertigen. Gleiches gilt für Auflagen, nach denen Passantinnen und Passanten nicht angesprochen werden dürfen.

Das Mitführen von **(Seiten-)Transparenten** kann nicht allein wegen der allgemeinen Möglichkeit ihres Missbrauchs zur Verhinderung der Identifizierung von Störern untersagt oder reglementiert werden. Es bedarf vielmehr konkreter und nachvollziehbarer tatsächlicher Anhaltspunkte dafür, dass das Mitführen die öffentliche Sicherheit und Ordnung unmittelbar gefährdet[79].

Gleiches gilt etwa für die Auflage, nach der **Fahnen** eine Größe von maximal 30 × 30 cm nicht überschreiten dürfen und jeder Versammlungsteilnehmer maximal eine derartige Fahne mit sich führen darf[80].

---

78 OVG NRW, Beschluss vom 03.06.2014 – 11 A 2020/12.

79 OVG NRW, Beschluss vom 03.11.2017 – 15 B 1371/17; Sächs. OVG, Urteil vom 31.05.2018 – 3 A 199/17.

80 OVG NRW, Beschluss vom 03.11.2017 – 15 B 1371/17.

Materialien, die dem **Kälteschutz** dienen, z. B. Sitzkissen, können nicht ohne Weiteres untersagt werden[81]. Wird über einen längeren Zeitraum durchgehend auch nachts demonstriert, zieht dies zwangsläufig das Bedürfnis nach einem zeitweiligen Ausruhen der einzelnen Versammlungsteilnehmer:innen nach sich, sodass auch derartige Ruhepausen von Art. 8 GG geschützt sind, um eine effektive Kundgabe des Anliegens zu gewährleisten. Es kann dementsprechend nicht verlangt werden, dass die Teilnehmenden einer Dauermahnwache nur stehen.

Zu weiteren Auflagen u. a. im Zusammenhang mit Hilfsmitteln → S. 110.

Essen und Getränke

Bei der Ausgabe von **Essen und Getränken** ist die verwaltungsgerichtliche Rechtsprechung zurückhaltend. Zumeist wird darauf verwiesen, dass eine Versorgung der Teilnehmerinnen und Teilnehmer auf anderem Wege möglich ist. Das gilt vor allem, wenn Verkaufsstände aufgestellt werden sollen. Auch wenn eine Versammlung durch **Imbiss- und Verkaufsstände** an Attraktivität gewinnen kann, dienen sie nach Auffassung des VG Berlin „lediglich dem Komfort und der Bequemlichkeit der Versammlungsteilnehmer". Da sie für die Meinungskundgabe nicht erforderlich seien, sollen sie nicht den Schutz der Versammlungsfreiheit genießen[82]. Imbiss- und Verkaufsstände können versammlungsrechtlich untersagt werden, davon ab-

81 VG Berlin, Beschluss vom 02.11.2012 - VG 1 L 299.12.

82 VG Berlin, Urteil vom 11.03.2016 – 1 K 59.14.

gesehen bedürfen sie, wie allgemeine Informationsstände, die nicht dem Versammlungszweck dienen, einer Sondernutzungserlaubnis.

Versorgen sich Versammlungsteilnehmer:innen selbst, kann die Behörde nicht ohne Weiteres das Mitführen von Behältnissen aus Glas und Metall (z. B. Aluminium und Weißblech) untersagen. Dass diese als Wurfgeschosse eingesetzt werden könnten, ist ohne nähere Darlegungen, woran diese Gefahr tatsächlich festzumachen ist, nicht ausreichend. Eine entsprechende Auflage ist rechtswidrig[83].

Anmeldebestätigung

Sind die wesentlichen Fragen geklärt, bestätigt die Versammlungsbehörde schriftlich den wesentlichen Inhalt der Anmeldung, ggf. modifiziert im Hinblick auf die im Kooperationsgespräch erörterten Fragestellungen und Festlegungen. Werden Auflagen erlassen, was bei den meisten Versammlungen der Fall sein wird, wird die Anmeldung mit dem Auflagenbescheid (→ S. 99) bestätigt.

Häufig enthält die Anmeldebestätigung bzw. der Auflagenbescheid „Hinweise“ der Versammlungsbehörde. Diesen kommt keine Rechtswirkung zu, es handelt sich um eine „Serviceleistung“, mit der die Behörde auf geltendes Recht hinweisen will[84]. Im Einzelfall können derartige Hinweise aber belastende Wirkung entfalten, jedenfalls

83 OVG NRW, Beschluss vom 27.04.2017 – 15 B 491/17.

84 OVG NRW, Beschluss vom 22.08.2014 – 5 B 996/14.

wenn nicht hinreichend zwischen Hinweisen und Auflagen getrennt wird und es sich daher um einen sogenannten Schein-Verwaltungsakt handelt.

Die Anmeldebestätigung bzw. der Auflagenbescheid sollte gründlich durchgelesen werden, um Fehler der Behörde zeitnah beanstanden zu können. Folgendes Beispiel aus der Praxis unterstreicht, warum dieser Hinweis unbedingt beherzigt werden sollte:

In Düsseldorf fanden über Monate ähnlich gelagerte Versammlungen gegen eine rechte Gruppierung statt. Die angemeldeten Orte, Uhrzeiten und verantwortlichen Personen waren identisch. Die Versammlungsbehörde verfügte stets die Auflage, die Versammlungsleiterin bzw. der Versammlungsleiter habe eine halbe Stunde vor Versammlungsbeginn am Versammlungsort anwesend zu sein. Die Polizei ermittelte bereits strafrechtlich gegen eine Versammlungsleiterin nach § 25 Nr. 2 VersG, weil sie der Auflage nicht nachgekommen sei (sie war fünf Minuten zu spät am Versammlungsort erschienen, das Verfahren wurde später eingestellt). Bei einer erneuten Versammlung wurde die Uhrzeit bei einem Versammlungsleiter um eine weitere Stunde vorverlegt, sodass dieser letztlich eineinhalb Stunden vor Versammlungsbeginn hätte anwesend sein müssen. Zu seinem Glück hatte er den Auflagenbescheid gründlich gelesen und die Abweichung entdeckt. Nur so konnte rechtzeitig Rechtsschutz erlangt und ein Ermittlungsverfahren vermieden werden.

Darüber hinaus ist der Inhalt der Anmeldebestätigung wichtig, weil die Einsatzkräfte der Polizei vor Ort im Kooperationsgespräch nicht dabei waren und sich auf ihre Unterlagen verlassen. Sollten Uneinigkeiten über den Ablauf der Versammlung mit den Einsatzkräften der Polizei vor Ort bestehen, kann ein Hinweis auf die Anmeldebestätigung ebenfalls hilfreich sein.

Teil 6: Verbot, Auflagen und Rechtsschutz

Ist die Behörde der Auffassung, dass von der Versammlung eine Gefahr für die öffentliche Sicherheit ausgeht, kann sie geeignete Auflagen erlassen und als letztes Mittel ein Versammlungsverbot aussprechen.

§ 15 VersG

(1) Die zuständige Behörde kann die Versammlung oder den Aufzug verbieten oder von bestimmten Auflagen abhängig machen, wenn nach den zur Zeit des Erlasses der Verfügung erkennbaren Umständen die öffentliche Sicherheit oder Ordnung bei Durchführung der Versammlung oder des Aufzuges unmittelbar gefährdet ist. [...]

(3) Sie kann eine Versammlung oder einen Aufzug auflösen, wenn sie nicht angemeldet sind, wenn von den Angaben der Anmeldung abgewichen oder den Auflagen zuwidergehandelt wird oder wenn die Voraussetzungen zu einem Verbot nach Absatz 1 oder 2 gegeben sind.

(4) Eine verbotene Veranstaltung ist aufzulösen.

In den Ländern mit eigenen Versammlungsgesetzen finden sich vergleichbare Regelungen: Bayern (Art. 15 BayVersG), Berlin (§ 14 VersFG BE); Niedersachsen (§ 8 NVersG), Sachsen (§ 15 SächsVersG), Sachsen-Anhalt (§ 15 VersammlG LSA) und Schleswig-Holstein (§ 13 VersFrhG SH).

Gefahr für öffentliche Sicherheit oder Ordnung

Maßnahmen gegen eine Versammlung sind nur bei einer **unmittelbaren Gefahr** für die öffentliche Sicherheit oder Ordnung möglich. Das bedeutet, dass ein Schaden für ein Rechtsgut bei einem ungehinderten Fortgang des Geschehens mit hoher Wahrscheinlichkeit anzunehmen sein muss.

Der Begriff der **öffentlichen Sicherheit beinhaltet**, dass geltende Gesetze eingehalten werden müssen, insbesondere die Strafgesetze. Außerdem dürfen Individualrechtsgüter wie zum Beispiel Leben, Gesundheit, Freiheit oder Vermögen betroffener Personen nicht gefährdet werden. In der Regel werden Beschränkungen auf Gefahren für die öffentliche Sicherheit gestützt werden.

Unter dem Begriff der **öffentlichen Ordnung** sind ungeschriebene Normen zu verstehen, deren Befolgung nach den herrschenden sozialen und ethischen Auffassungen als unentbehrliche Voraussetzung für ein gedeihliches Zusammenleben angesehen wird. Nicht jede Geschmacklosigkeit führt bereits dazu, dass die öffentliche Ordnung beeinträchtigt wird, der Begriff der öffentlichen Ordnung ist aus verfassungsrechtlichen Gründen eng auszulegen. Angenommen wurde eine Gefahr für die öffentliche Ordnung beispielsweise, wenn sich ein Aufzug mit den Riten und Symbolen der nationalsozialistischen Gewaltherrschaft identifiziert und durch Wachrufen der Schrecken des NS-Regimes andere Bürger:innen einschüchtert[85]. Die öffentliche Ordnung kann nur Auflagen rechtfertigen, nicht aber ein Versammlungsverbot[86].

Die Gefährdung muss **von der Versammlung ausgehen**. Maßnahmen müssen sich daher in erster Linie gegen störende Personen richten, nur im Ausnahmefall ist ein Einschreiten gegen die Versammlung möglich.

Gefahrenprognose

Ob Gefahren von einer Versammlung ausgehen, muss die Versammlungsbehörde anhand einer nachvollziehbaren **Gefahrenprognose** beurteilen. Das Bundesverfassungsgericht stellt besonders strenge Anforderungen an die Darlegung der Umstände, die für eine Gefahr sprechen, weil Versammlungen nicht beliebig nachgeholt werden können.

Im Rahmen der Anhörung im Kooperationsgespräch muss die Versammlungsbehörde die erheblichen Tatsachen mit den Veranstalterinnen und Veranstaltern erörtern, auf die sie ihre Prognose stützt. Dies folgt aus der Pflicht zur Anhörung nach § 28 Abs. 1 VwVfG (→ S. 100).

---

85 BVerfG, Beschluss vom 05.09.2003 – 1 BvQ 32/03.

86 BVerfG, Beschluss vom 26.01.2001 – 1 BvQ 9/01.

Wegen der hohen Bedeutung der Versammlungsfreiheit obliegt der Behörde die **Darlegungs- und Beweislast**, dass eine Gefahr für die öffentliche Sicherheit oder Ordnung vorliegt, die eine Beschränkung der Versammlung rechtfertigt[87]. Dies gilt nicht nur, wenn die Behörde ein Verbot beabsichtigt. Auch wenn Auflagen erlassen werden sollen, sind hohe Anforderungen an die Gefahrenprognose zu stellen.

Eine Gefahr setzt voraus, dass **tatsächliche Anhaltspunkte** vorliegen, die eine hinreichende Wahrscheinlichkeit des Gefahreneintritts ergeben. Die Versammlungsbehörde muss im Vorfeld die ihr möglichen Wege nutzen, um das Gefahrenpotential aufzuklären.

Die anzustellende Prognose bildet mögliche Gefahren im Zusammenhang mit einer Versammlung nur dann ab, wenn sie alle erheblichen Umstände berücksichtigt. Neben den Anhaltspunkten, die für eine Gefahr sprechen, muss sich die Versammlungsbehörde auch mit etwaigen **Gegenindizien** auseinandersetzen.

Bloße **Verdachtsmomente oder Vermutungen** reichen nicht aus, um Beschränkungen einer Versammlung zu rechtfertigen[88]. Nicht zulässig ist beispielsweise, allein auf die „aufgeheizte Stimmung“ oder pauschal auf Erkenntnisse des Verfassungsschutzes oder auf Presseberichte zu verweisen, wonach von einer zunehmenden Gewaltbereitschaft auszugehen sei[89]. Auch die Größe der Versammlung begründet für sich genommen keine Gefahr von Ausschreitungen,

87 BVerfG, Beschluss vom 04.09.2009 – 1 BvR 2147/09.
88 BVerfG, Beschluss vom 20.12.2012 – 1 BvR 2794/10.
89 BVerfG, Beschluss vom 21.04.2000 – 1 BvQ 10/00.

weil von ihr nicht auf eine Gewaltbereitschaft der Teilnehmenden geschlossen werden kann[90].

Ereignisse bei **früheren Versammlungen** können nur unter bestimmten Umständen für die Gefahrenprognose herangezogen werden. Haben sich bei Versammlungen an anderen Orten mit anderen Beteiligten Gefahren verwirklicht, so müssen besondere, von der Behörde bezeichnete Umstände die Annahme rechtfertigen, dass ihre Verwirklichung ebenfalls bei der nunmehr geplanten Versammlung zu befürchten sei[91]. Fand im Vorfeld eine friedliche Versammlung statt, obwohl die Behörden bei dieser im Vorfeld mit einer Gewaltanwendung rechneten, spricht dies gegen eine Gefahr[92].

Die Gerichte müssen die Gefahrenprognose zum Schutz von Versammlungen, die auf einen einmaligen Anlass bezogen sind, schon im Eilverfahren intensiv prüfen. Denn nur so können sie dem Umstand Rechnung tragen, dass es nicht zu einer endgültigen Verhinderung der Versammlung in der beabsichtigten Form kommt[93]. Sie müssen sich zudem mit Gegenindizien auseinandersetzen, vor allem im Eilverfahren ist deshalb ein umfassender Sachvortrag angezeigt. Um dies zu gewährleisten ist es erforderlich, dass der Verbots- oder Auflagenbescheid von der Behörde frühzeitig erlassen wird. Im Kooperationsgespräch sollte daher abgesprochen werden, wann mit dem Bescheid zu rechnen ist (→ S. 67).

---

90 BVerfG, Beschluss vom 12.05.2010 – 1 BvR 2636/04.

91 BVerfG, Beschluss vom 04.09.2009 – 1 BvR 2147/09.

92 BVerfG, Beschluss vom 04.09.2009 – 1 BvR 2147/09.

93 BVerfG, Beschluss vom 20.12.2012 – 1 BvR 2794/10.

Erkenntnisquellen der Versammlungsbehörden

Die Versammlungsbehörden können für ihre Gefahrenprognose **verschiedene Quellen** heranziehen. Neben Datenbanken der Polizei (→ S. 186), dem Bundeszentralregister, den Erkenntnissen „szenekundiger Beamter" und gegebenenfalls Anfragen bei den Verfassungsschutzbehörden sind Veröffentlichungen in der Presse und im Internet, unter anderem in sozialen Netzwerken wie Facebook und Twitter, besonders relevant.

Zu beachten ist daher, dass die Versammlungsbehörde öffentliche **Äußerungen der Veranstalterinnen und Veranstaltern** im Rahmen ihrer Aufklärung, mit welchen Gefahren zu rechnen ist, gegebenenfalls genau verfolgen wird. Diesen wird auch rechtlich eine hohe Bedeutung beizumessen sein, weil sie dokumentieren, was die Veranstalter:innen von sich aus beabsichtigen.

Aufrufe oder Stellungnahmen im Internet, die den Veranstalterinnen und Veranstaltern zuzurechnen sind, können daher herangezogen werden. Ihr Inhalt ist dabei unter Berücksichtigung aller Umstände des Einzelfalls aus der Sicht eines unvoreingenommenen und verständigen Durchschnittspublikums zu ermitteln. Schwierig kann sich allerdings die Bewertung mehrdeutiger Äußerungen gestalten, hier wird der Behörde ein gewisser Spielraum verbleiben. Fernliegende Interpretationen können eine Gefahr hingegen nicht begründen.

Verbots- und Auflagenbescheid

Ein Versammlungsverbot wie auch Auflagen sind den Betroffenen belastende Verwaltungsakte. „Verwaltungsakt“ meint eine hoheitliche Maßnahme einer Behörde, also einen „Akt der Verwaltung“ zur verbindlichen Regelung eines Einzelfalls mit Außenwirkung gegenüber einer oder mehreren Personen.

Die Versammlungsbehörde muss zuständig sein, ferner müssen gesetzliche Verfahrens- und Formvorschriften eingehalten worden sein, andernfalls ist ein Verwaltungsakt formell rechtswidrig.

Örtlich zuständig ist die Versammlungsbehörde, in deren Zuständigkeitsbereich die Versammlung stattfindet.

Die **sachliche Zuständigkeit** ist landesrechtlich geregelt (→ S. 190) und kann in Einzelfällen relevant werden.

In Hessen ist in kleinen Gemeinden die Kreisverwaltung und ab 7.500 Einwohnern die Ordnungsbehörde die Versammlungsbehörde. Der Hessische Verwaltungsgerichtshof urteilte, dass die Anordnung der Polizei, nach der bestimmte Hilfsmittel bei einer Versammlung nicht benutzt werden durften, mangels Zuständigkeit rechtswidrig war[94].

94 Hess. VGH, Urteil vom 17.03.2011 – 8 A 1188/10.

Verfahrensfehler können zur Rechtswidrigkeit versammlungsrechtlicher Maßnahmen führen. Zu nennen ist insbesondere die Anhörung gemäß § 28 Abs. 1 VwVfG[95].

> **§ 28 VwVfG**
>
> (1) Bevor ein Verwaltungsakt erlassen wird, der in Rechte eines Beteiligten eingreift, ist diesem Gelegenheit zu geben, sich zu den für die Entscheidung erheblichen Tatsachen zu äußern.
>
> (2) Von der Anhörung kann abgesehen werden, wenn sie nach den Umständen des Einzelfalls nicht geboten ist, insbesondere wenn
>
> 1. eine sofortige Entscheidung wegen Gefahr im Verzug oder im öffentlichen Interesse notwendig erscheint [...]

Den Veranstalterinnen und Veranstaltern ist, wenn z. B. Auflagen beabsichtigt sind, die Gelegenheit zu geben, sich zu den **für die Entscheidung erheblichen Tatsachen** zu äußern. Das setzt voraus, dass die Versammlungsbehörde die Tatsachen nennt, auf die sie ihre Gefahrenprognose stützt. Tut sie dies nicht von sich aus, sollten die Beteiligten gezielt nachfragen (→ S. 66).

---

95 Zitiert wird nachfolgend das Verwaltungsverfahrensgesetz des Bundes, anwendbar ist die entsprechende Vorschrift des jeweiligen Landes.

Auf die Anhörung kann nur ganz ausnahmsweise nach § 28 Abs. 2 Nr. 1 VwVfG verzichtet werden, wenn eine sofortige Entscheidung wegen Gefahr im Verzug vorliegt.

Zumeist werden Auflagen oder ein Verbot im Kooperationsgespräch thematisiert werden müssen[96]. Werden im **Kooperationsgespräch geplante Beschränkungen bezüglich Transparenten, Fahnen** oder ähnlichem von der Versammlungsbehörde nicht angesprochen, kann dies die Rechtswidrigkeit einer Auflage, nach der diese eine bestimmte Größe nicht überschreiten dürfen, nach sich ziehen[97]. Die Veranstalter:innen sollen die Gelegenheit haben, sich zur Gefahrenprognose der Behörde zu äußern und gegebenenfalls Vorschläge zu machen, um ein Verbot bzw. einschneidende Auflagen zu vermeiden.

Eine bestimmte **Form** ist für Verwaltungsakte nicht vorgesehen, sie können auch mündlich ergehen. In aller Regel werden Verbot oder Auflagen im Vorfeld schriftlich durch Bescheid verfügt.

Die **Begründung** eines Verbots- oder Auflagenbescheids ist für die gerichtliche Überprüfung von besonderer Bedeutung. In ihr sind nach § 39 Abs. 1 S. 2 VwVfG die wesentlichen tatsächlichen und rechtlichen Gründe mitzuteilen, die die Behörde zu ihrer Entscheidung bewogen haben. Das Fehlen oder wesentliche Mängel einer Begründung machen den Verwaltungsakt formell rechtswidrig. Aus der Begründung können sich darüber hinaus Indizien für eine fehlerhafte Ermessensausübung der Behörde ergeben.

---

96 OVG Thüringen, Beschluss vom 09.08.1996 – 2 EO 669/96.

97 VG Köln, Beschluss vom 26. April 2017 – 20 L 1811/17.

Versammlungsverbot

Das Verbot einer Versammlung ist nur möglich zum Schutz gleichwertiger Rechtsgüter, beispielsweise Leib und Leben bei zu erwartenden Gewalttaten, unter strikter Wahrung des Grundsatzes der Verhältnismäßigkeit. Ein Versammlungsverbot unterbindet die Ausübung des Grundrechts auf Versammlungsfreiheit im Einzelfall vollständig, sodass es nur das letzte Mittel sein darf. Vorrangig muss die Versammlungsbehörde prüfen, ob nicht eine Durchführung der Versammlung unter Auflagen möglich ist.

Ein Verbot wird dann gerechtfertigt sein, wenn ein **unfriedlicher Verlauf** der Versammlung zu erwarten ist (→ S. 36). Gleiches gilt, wenn der Veranstalter oder sein Umfeld einen solchen Verlauf anstreben oder wenigstens billigen.

Kommt eine Auflage in ihrer belastenden Wirkung einem Verbot gleich – anzunehmen ist dies beispielsweise, wenn eine Versammlung auf einen anderen Tag verlegt wird – ist sie an den für Versammlungsverbote geltenden strengen Anforderungen zu messen.

Auflagen

Zur Abwehr konkreter Gefahren unterhalb des Versammlungsverbots kann die Versammlungsbehörde Auflagen erlassen. Auflagen beschränken die Versammlungsfreiheit, sie geben ein Tun, Dulden oder Unterlassen auf. Der Begriff der **Beschränkungen**, wie er in den Versammlungsgesetzen von Bayern, Niedersachsen und Sachsen-Anhalt verwendet wird, ist daher treffender.

Auflagen bezwecken die Abwehr konkreter Gefahren. Rechtlich ist daher immer zu prüfen, welche Gefahren konkret abgewehrt werden sollen. Das Bundesverfassungsgericht hat in diesem Zusammenhang darauf hingewiesen, dass die Versammlungsbehörden in der Praxis nicht selten auch Maßnahmen treffen, die gerade nicht der Gefahrenabwehr dienen und dennoch rechtlich falsch als Auflagen bezeichnet werden:

> „Versammlungsbehörden pflegen aus Anlass von Versammlungen eine Vielzahl von Maßnahmen durchzuführen und insbesondere häufig lange Kataloge von ihnen sogenannter Auflagen vorzusehen, unter denen sich meist auch Maßgaben befinden, die nicht der Abwehr konkreter oder gar unmittelbar bevorstehender Gefahren, sondern anderen Zwecken, insbesondere der Erleichterung der Erfüllung polizeilicher Aufgaben, dienen."

Eine solche Erleichterung der Erfüllung polizeilicher Aufgaben kann den Erlass von Auflagen nicht rechtfertigen. Derartige Beschränkungen der Versammlung sind keine zulässigen Auflagen und daher ohne rechtliche Grundlage.

Der Auflagencharakter der in Bescheiden regelmäßig anzutreffenden Anordnung, nach denen die Leiterin/der Leiter zu einer bestimmten Uhrzeit am Versammlungsort anwesend sein muss, ist zweifelhaft. Es besteht keine gesetzliche Verpflichtung, sich – noch dazu zu einer bestimmten Uhrzeit – beim Einsatzleiter der Polizei zu melden. Auch eine Verpflichtung, Auflagen bekannt zu geben oder auf mögliche Bußgelder hinzuweisen, ist dem Versammlungsgesetz nicht zu entnehmen[98].

Es ist Sache der Versammlungsbehörde, für jede Auflage im Einzelfall die Umstände darzulegen, aus denen sich eine Gefahr für die öffentliche Sicherheit oder Ordnung (→ S. 94) ergibt. Eine Auflage darf eine Versammlung nur soweit beschränken, wie zum Schutz hochwertiger Rechtsgüter **unbedingt notwendig.**

Zu weitgehend ist eine Auflage, nach der Lautsprecher und Megafone nur für Ansprachen und Darbietungen, die im Zusammenhang mit dem Versammlungsthema stehen, sowie für Ordnungsdurchsagen verwendet werden dürfen. Dies verkennt den Schutzgehalt von Art. 8 Abs. 1 GG, der auch Äußerungen zu anderen versammlungsbezogenen Fragen erlaubt. Wer an einer Versammlung teilnimmt, ist beispielsweise dazu berechtigt, dafür einzutreten, dass nur Personen an ihr teilnehmen, die das Anliegen unterstützen, nicht aber Zivilpolizistinnen und Zivilpolizisten. Dies darf dann auch durch ein Megafon durchgesagt werden. Das Bundesverfassungsgericht

98 VG Bayreuth, Urteil vom 31.07.2012 – B 1 K 12.138.

hat die Verurteilung einer Teilnehmerin wegen eines Verstoßes gegen die Auflage daher aufgehoben[99].

Weitere Beispiele für Auflagen in Bezug auf Hilfsmittel → S. 86 und 110.

Eine Auflage, die Personalien der eingesetzten Ordner in einer Liste zu erfassen, die auf Anforderung der Polizei oder der Versammlungsbehörde vorzulegen ist, kann zwar grundsätzlich erlassen werden, aber nur wenn im Zeitpunkt des Erlasses der Verfügung erkennbare Umstände vorliegen, aus denen sich die unmittelbare Gefährdung der öffentlichen Sicherheit oder Ordnung ergibt[100].

Verändern Auflagen Ort, Zeit, Art oder Inhalt der Versammlung, hat die Versammlungsbehörde das Selbstbestimmungsrecht (→ S. 70) der Veranstalter:innen im Rahmen des Möglichen zu respektieren[101]. Kann durch die Auflage die Gefährdung der öffentlichen Sicherheit oder Ordnung beseitigt werden, ohne den Charakter der Versammlung erheblich zu verändern, sind sie vorrangig zu wählen. Dabei ist zu berücksichtigen, dass Versammlungen zumeist durch das Zusam-

---

99 BVerfG, Beschluss vom 26.06.2014 – 1 BvR 2135/09.

100 VGH Baden-Württemberg, Urteil vom 30.06.2011 – 1 S 2901/10.

101 OVG NRW, Beschluss vom 03.11.2017 – 15 B 1370/17.

menspiel von Motto und geplantem Veranstaltungsort geprägt sind[102].

Auflagen müssen **geeignet** sein, drohende Gefahren abzuwehren. Der mit ihnen verfolgte Zweck, die Durchführung der Versammlung entsprechend den Vorstellungen der Veranstalter:innen unter Abwägung entgegenstehender Belangen der Allgemeinheit zu ermöglichen, muss erreicht oder zumindest gefördert werden.

Der Grundsatz der Verhältnismäßigkeit verlangt ferner, dass die Auflage **erforderlich** ist. Gibt es ein mindestens gleich effektives Mittel, dass die Versammlung weniger belastet, ist dieses vorrangig zu wählen. Schließlich müssen die Auflagen **angemessen** sein. Die mit der Auflage verbundenen Einschränkungen dürfen nicht außer Verhältnis zu den Vorteilen stehen, die mit ihr bezweckt werden.

Aus rechtsstaatlichen Gründen muss eine Auflage **hinreichend bestimmt und verständlich** sein, damit die Betroffenen wissen, was von ihnen verlangt wird und sich entsprechend verhalten können. Weil die Missachtung von Auflagen mit erheblichen (mitunter strafrechtlichen) Folgen für die Beteiligten verbunden sein kann, darf ihr Inhalt nicht allein der Interpretation der Polizei überlassen werden.

Einer Auflage, nach der dem polizeilichen Einsatzleiter „während der Versammlung jederzeit uneingeschränkten Zugang zum Leiter der Versammlung zu gewährleisten" ist, fehlt es

102 Vgl. BVerfG, Beschluss vom 18. Juli 2015 – 1 BvQ 25/15.

an der erforderlichen Bestimmtheit. Gerade im Fall besonderer Vorkommnisse kann ein Tätigwerden des Versammlungsleiters an unterschiedlichen Stellen der Versammlung erforderlich werden, sodass es ihm unmöglich sein kann, zusätzlich noch sicherzustellen, dass die Kommunikation zwischen Versammlungsleiter und polizeilichem Einsatzleiter durch Demonstrantinnen und Demonstranten nicht behindert wird. Der Versammlungsbehörde wäre es ohne weiteres möglich, ihre Auflage zu konkretisieren, beispielsweise dem Leiter aufzugeben, während der Versammlung über Handy erreichbar zu sein[103].

Eine Auflage, wonach Ordner „keine aktiven Feldbefreier gewesen [...] und diesbezüglich nicht in Erscheinung getreten seien“ dürfen, ist zu unbestimmt, weil unklar ist, ob damit „aktive“ „Feldbefreier“ einerseits und etwaige „passive“ andererseits unterschieden werden sollen, ob es daneben die weitere Kategorie der „in Erscheinung getretenen Feldbefreier“ gibt und was „in Erscheinung getreten“ überhaupt bedeutet[104].

103 VG Göttingen, Urteil vom 22.04.2009 – 1 A 355/07.

104 VG Würzburg, Urteil vom 12.03.2009 – W 5 K 08.1758.

Verpflichtet eine Auflage die Versammlungsleitung, die Polizei über „versammlungsrechtliche und strafrechtliche Verstöße" zu informieren, ist dies ebenfalls zu unbestimmt. Unklar ist, welche Verstöße überhaupt eine Meldepflicht auslösen sollen. Gilt dies nur, wenn sie versammlungsrechtlich relevant sind, oder auch bei einem Diebstahl unter den Versammlungsteilnehmer:innen? Was eine Auflage konkret verlangt, muss ohne weiteres auch von einem juristischen Laien erkannt werden können. Andernfalls wäre die Versammlungsleitung mit dem Risiko konfrontiert, wegen Fehlern und Fehleinschätzungen im Nachhinein mit einer Geldbuße oder gar einer Strafe belegt zu werden. Dies wäre „mit nicht hinnehmbaren Einschüchterungseffekten" verbunden[105].

Von dem Versammlungsleiter darf nichts verlangt werden, was er aus rechtlichen oder tatsächlichen Gründen unmöglich erfüllen kann.

Dem Versammlungsleiter ist die Einhaltung einer Auflage tatsächlich unmöglich, nach der die Versammlung den Straßenverkehr nicht beeinträchtigen darf. Denn jede Versammlung beeinträchtigt notwendigerweise den Straßenverkehr[106].

---

105 VGH Baden-Württemberg, Urteil vom 30.06.2011 – 1 S 2901/10.

106 Bay. VGH, Urteil vom 11.01.1984 – 21 B 83 A 2250

Die Auflage, der Kläger habe als Versammlungsleiter alkoholisierte Versammlungsteilnehmer sofort von der Veranstaltung auszuschließen, ist rechtswidrig, da sie von ihm etwas rechtlich Unmögliches verlangt. Nach § 19 Abs. 4 VersG kann die Polizei Teilnehmende von der Versammlung ausschließen. Daraus ergibt sich, dass dem Versammlungsleiter kein Ausschlussrecht zusteht, sondern ausschließlich der Polizei[107].

Auflagen dürfen dem Versammlungsleiter **keine Pflichten nach Beendigung oder Auflösung** der Versammlung auferlegen, weil seine Befugnisse nach dem Versammlungsgesetz dann nicht mehr bestehen[108].

Die Anmeldebestätigung wird durch die Versammlungsbehörde **kostenfrei** erlassen. Die Behörde kann allerdings, wenn dies landesrechtlich vorgesehen ist, Gebühren für den Erlass von Auflagen erheben. Unter welchen Voraussetzungen dies verfassungsrechtlich unbedenklich sein kann, ist in der Rechtsprechung bislang nicht geklärt. Eine Gebührenpflicht ist grundsätzlich problematisch, weil sie von der Anmeldung einer Versammlung abhalten könnte. Das Bundesverfassungsgericht hat diese Gefahr gesehen und verlangt zumindest, dass die Auflage der Abwehr unmittelbarer Gefahren dienen muss, damit eine Gebühr gefordert werden kann[109] (→ S. 184).

107 VG Göttingen, Urteil vom 22.04.2009 – 1 A 355/07.

108 OLG Köln, Beschluss vom 06.12.1980 – 3 Ss 300/80.

109 BVerfG, Beschluss vom 25. 10. 2007 – 1 BvR 943/02.

Einzelfragen

Alkohol

Die Versammlungsbehörden verbieten zumeist den Konsum von Alkohol auf Versammlungen. So nachvollziehbar der Wunsch ist, das Gefahrenpotential zu reduzieren, erscheint diese „Standardauflage" zumindest diskutabel.

Das Verwaltungsgericht Dresden[110] hat angenommen, dass eine derartige Auflage rechtmäßig ist. Der Konsum als auch Verkauf und Abgabe von Alkohol gehöre nicht zu den von Art. 8 GG umfassten und damit nach dem Versammlungsgesetz erlaubnisfreien Tätigkeitsarten. Art. 8 GG schütze das ungehinderte Zusammenkommen mit anderen Personen zum Zweck der gemeinsamen Meinungsbildung und Meinungsäußerung. Verkauf und Abgabe von Alkohol dienten im vorliegenden Fall nicht diesem Zweck. Durch sie werde den Demonstrationsteilnehmenden lediglich ein „Versorgungsangebot" gemacht. Außerdem wirke der Konsum von Alkohol vielfach enthemmend und könne die Aggressivität der Teilnehmenden einer Versammlung steigern. Vor dem Hintergrund weiterer geplanter Veranstaltungen und der damit einhergehenden Begegnung der verschiedenen politischen Lager, so das Verwaltungsgericht, würde ein Alkoholkonsum unzweifelhaft die Gefahr von gewaltsamen Auseinandersetzungen weiter erhöhen. Die Auflage ergehe somit aus „nachvollziehbaren Gründen der Gefahrenabwehr", insbesondere zum Schutz von Leib und Leben anderer Versammlungsteilnehmenden und unbeteiligter Dritter.

---

110 VG Dresden Beschluss vom 17.4.2018 – 6 L 281/18.

Dieser Rechtsprechung ist entgegenzuhalten, dass nur der Verkauf bzw. die Abgabe von Alkohol erlaubnispflichtig ist, nicht aber der Konsum. Ein Konsumverbot greift zumindest in die allgemeine Handlungsfreiheit der Versammlungsteilnehmer:innen ein, sodass eine entsprechende Auflage – unabhängig von ihrer Zweckmäßigkeit – einer gesetzlichen Grundlage bedarf und daher den Anforderungen des § 15 Abs. 1 VersG[111] genügen muss. Voraussetzung ist damit, dass eine unmittelbare Gefahr für die öffentliche Sicherheit vorliegt. Der Konsum von Alkohol stellt für sich genommen jedoch keine unmittelbare Gefahr dar. Auch die „enthemmende Wirkung" begründet ohne nähere Darlegung des konkreten Gefährdungspotentials, wenn überhaupt[112], nur eine abstrakte Gefahr. Die Abwehr einer solchen kann jedoch nicht auf § 15 Abs. 1 VersG bzw. entsprechende Landesbestimmungen gestützt werden[113].

Fahnen

Das Tragen von Fahnen bei Versammlungen ist vom Schutzbereich des Art. 8 GG erfasst. Will die Behörde die Nutzung oder das Mitführen von Fahnen reglementieren, ist das Selbstbestimmungsrecht der Versammlung berührt. Ferner können sich die Versammlungsteilnehmer auf die Meinungsfreiheit aus Art. 5 GG berufen. Das Tragen

---

111 Art. 15 BayVersG; § 14 VersFG BE; § 8 NVersG; § 15 SächsVersG; § 15 VersammlG LSA; § 13 VersFrhG SH.

112 Eine abstrakte Gefahr des Konsums alkoholischer Getränke wird von der Rechtsprechung im Zusammenhang mit Alkoholverboten im öffentlichen Raum überwiegend abgelehnt, VG Düsseldorf, Urteil vom 23.05.2018 – 18 K 8955/17. Bei Versammlungen wird hingegen regelmäßig ein erhöhtes Gefahrenpotential anzunehmen sein. Eine abstrakte Gefahr kann hier durchaus angenommen werden.

113 VG Aachen, Beschluss vom 03.02.2012 – 6 L 40/12.

bestimmter Fahnen kann deshalb nicht ohne Weiteres untersagt werden.

Strafrechtlich relevante Fahnen dürfen nicht mitgeführt werden, die Versammlungsfreiheit rechtfertigt keine Verstöße gegen allgemein geltendes Recht. Umgekehrt dürfen Fahnen von Organisationen, die nicht verboten sind, in der Öffentlichkeit gezeigt werden.

Problematisch erscheint in diesem Zusammenhang die Rechtsprechung, nach der das massive Zeigen von Öcalan-Bildern oder Fahnen kurdischer Organisationen wie der YPG, YPJ oder PYD rechtswidrig sein soll, wenn sich aus dem „Gesamtbild der Versammlung" ein Kontext zur in Deutschland verbotenen PKK ergibt. Das VG Berlin hat unter anderem vertreten, bei einem „Fahnenmeer" handele es sich „aus der Sicht eines unbefangenen, aber informierten Betrachters um eine Werbung für die verbotene PKK."

Die Versammlungsbehörden und die Polizei bewerten die (noch) zulässige Menge an Fahnen höchst unterschiedlich. Reichen bei einer kleinen Versammlung zwei oder drei Fahnen aus, damit Fahnen nicht verbotener Vereinigungen als Ersatz für die PKK anzusehen sind? Kommt es alleine auf die Anzahl der Fahnen an oder müssen sie bei einer großen Versammlung in einem „Block" auftreten?

Mangels klarer Kriterien untersagten verschiedene Versammlungsbehörden aus Anlass von Versammlungen die Verwendung von Fahnen unter anderem der YPG. Die Verwaltungsgerichte verlangen konkrete Anhaltspunkte, dass ein Bezug zwischen der nicht verbotenen YPG und der PKK hergestellt werden wird[114].

Lautsprecher

Gerade bei größeren Versammlungen ist die Nutzung von Lautsprechern unverzichtbar. Ihr Einsatz darf in diesen Fällen nicht vollständig untersagt werden. Nur wenn hochrangige andere Rechtsgüter wie Leib, Leben oder Gesundheit beeinträchtigt sind, kann in engen Ausnahmefällen ein Komplettverbot gerechtfertigt sein.

Um mit einer Auflage auf der Grundlage des § 15 Abs. 1 VersG die Einhaltung von **Grenzwerten** für Lärm sicherzustellen, bedarf es konkreter Anhaltspunkte, dass der Veranstalter der Versammlung oder des Aufzuges diese nicht einhalten wird[115]. Zumeist würde es allerdings ausreichen, wenn die Behörde einen entsprechenden Hinweis erteilen würde. Dies wird von den Gerichten nicht selten verkannt, sodass Auflagen zur Lautstärke zum „Standardrepertoire" in Auflagenbescheiden zählen.

Es muss klar erkennbar sein, welche konkrete Beschränkung festgelegt wird. Die Versammlungsbehörde kann sich dabei an einschlägigen **technischen Regelwerken** wie der TA-Lärm[116] und der LärmVibrationsArbSchV[117] orientieren. Eine Auflage mit dem Inhalt,

114 VG Gelsenkirchen, Beschluss vom 19.02.2018 – 14 L 337/18; VG Frankfurt a. M., Urteil vom 22.08.2017 – 5 K 4403/16.

115 VG Karlsruhe Beschluss vom 16.8.2013 – 1 K 2068/13.

116 Technische Anleitung zum Schutz gegen Lärm vom 26.08.1998.

117 Lärm- und Vibrations-Arbeitsschutzverordnung vom 06.03.2007.

dass „durch zum Einsatz kommende Lautsprecheranlagen ein Lautstärkepegel von 90 Dezibel, gemessen in einem Meter Abstand von der Emissionsquelle (Lautsprecher), nicht überschritten werden darf", kann hiernach rechtmäßig sein[118].

Auflagen in Bezug auf die Lautstärke fehlt es nicht selten an der notwendigen Bestimmtheit. Sie muss eindeutig regeln, welche Lautstärke noch erlaubt und wie dies zu messen ist.

„Die akustischen Hilfsmittel sind in einer Lautstärke zu verwenden, so dass zwar alle Teilnehmer erreicht werden können, jedoch die Lärmeinwirkung auf Dritte minimiert wird. Daher darf die Lautstärke einen Wert von 70 dB(A) und in einzelnen Geräuschspitzen von 90 dB(A) nicht überschreiten." Diese Auflage lässt nicht erkennen, wie und wo der Lautstärkepegel zu messen ist[119].

Auch die folgende Auflage ist offensichtlich zu unbestimmt:

---

118 OVG Niedersachsen, Beschluss vom 10.10.2010 – 11 LA 298/10. Das VG Karlsruhe nimmt hingegen die Auswirkungen genauer in den Blick und hält eine Beschränkung auf 90 Dezibel in dieser Abstraktheit für rechtswidrig, VG Karlsruhe Beschluss vom 16.8.2013 – 1 K 2068/13.

119 VG Münster, Beschluss vom 21.06.2019 – 1 L 620/19; VG Würzburg, Urteil vom 21.01.2015 – W 5 K 13.346.

Die Lautsprecheranlage ist nur mit einer solchen Lautstärke zu betreiben, wie es für die Durchführung der Veranstaltung erforderlich ist. Beeinträchtigungen Dritter sind zu vermeiden.

Nicht zu übersehen ist zudem, dass es gerade in Innenstädten neben der Versammlung zahlreiche weitere Lärmquellen gibt. Summieren sich die Auswirkungen von Versammlung und allgemeinem Innenstadtlärm, erscheint es bedenklich, einseitig die Versammlung auf eine Einhaltung der Grenzwerte im Tagesmittel zu verpflichten[120].

Ordner:innen

Der Einsatz von Ordner:innen ist ein Recht der Versammlungsleitung und keine Pflicht (→ S. 144). Bei kleineren Versammlungen ist eine Absicherung möglicher Gefahren auf diesem Wege nicht erforderlich, bei größeren oder sich fortbewegenden Versammlungen zumeist schon. Die Versammlungsbehörde darf den Ordner:inneneinsatz durch eine Auflage verfügen, wenn hierdurch Gefahren für die öffentliche Sicherheit oder Ordnung begegnet werden soll. Dabei muss sie eine zweifache Prognose vornehmen: Sie bezieht sich einerseits auf die Zuverlässigkeit der Ordner:innen und andererseits auf die angemessene Ordner:innenanzahl in Anbetracht des Gefahrenpotenzials der Versammlung[121].

---

120 VG Karlsruhe Beschluss vom 16.8.2013 – 1 K 2068/13.

121 VG Karlsruhe, Beschluss vom 10.05.2019 – 2 K 3085/19.

Eine Auflage, nach der die **Personalien der Ordner:innen** vorab in einer Liste an die Versammlungsbehörde zu übermitteln sind, darf nur dann verfügt werden, wenn tatsächliche Anhaltspunkte dafür bestehen, dass die Ordner:innen nicht die gesetzlichen Voraussetzungen (→ S. 149) erfüllen[122]. Um sicherzustellen, dass die Polizei im Zweifel kontrollieren kann, ob die Ordner:innen volljährig und zuverlässig sind, kann die Versammlungsbehörde eine Auflage erlassen, nach der die Ordner:innen ein Ausweisdokument mit sich führen müssen[123]. Dafür bedarf es allerdings ebenfalls tatsächlicher Anhaltspunkte, dass die Versammlungsleitung nicht volljährige oder unzuverlässige Personen einsetzen wird.

Die **Anzahl der Ordner:innen** führt regelmäßig zu Auseinandersetzungen zwischen Behörde und Versammlungsleitung. Gerade bei größeren Versammlungen ist es für die Versammlungsleitung oft schwierig, eine ausreichende Zahl an Personen zu finden, sie einzuweisen und eine Kommunikation sicherzustellen (→ S. 144). Das Verhältnis von Teilnehmenden zu Ordner:innen ist mit Blick auf die Umstände, die nach der Prognose der Polizei eine Gefahr begründen, zu bestimmen. Dies setzt voraus, dass der Auflagenbescheid erkennen lässt, aus welchen Gründen sich die Behörde gerade für dieses Verhältnis entschieden hat. Ein Verhältnis von Ordner:innen zu Teilnehmer:innen wird nur in Ausnahmefällen im Bereich von 1:25 liegen dürfen[124].

---

122 VGH Baden-Württemberg, Urteil vom 30.06.2011 – 1 S 2901/10.

123 VG Gießen, Beschluss vom 30.07.2009 – 10 L 1583/09.GI.

124 Vgl. VG Braunschweig, Urteil vom 17.05.2018 – 5 A 238/15.

Es ist empfehlenswert, diese Thematik bereits im Kooperationsgespräch anzusprechen und um eine Erläuterung zu bitten. Zumeist bestimmt die Versammlungsbehörde das Verhältnis der Anzahl von Teilnehmenden zu Ordner:innen nach Gefühl und nicht nach Abwägung der ihr bekannten tatsächlichen Anhaltspunkte. Eine entsprechende Frage zwingt sie dazu, Argumente für ihre Entscheidung vorzubringen und kann sie gegebenenfalls dazu bewegen, eine für die Versammlungsleitung günstigere Entscheidung zu treffen.

Bei **Großdemonstrationen** mit mehreren tausend Teilnehmenden dürfen die Versammlungsbehörden nicht ohne Rücksicht auf die Möglichkeiten der Veranstalter:innen schematisch ein festes Verhältnis von Ordnern und Versammlungsteilnehmern zugrunde legen[125]. Ist aus der Sicht der Veranstalter:innen die Zumutbarkeit überschritten, müssen sie dies der Versammlungsbehörde mitteilen, andernfalls dürfen die Gerichte – wenn die Unzumutbarkeit nicht von vornherein erkennbar war – einen gegen eine entsprechende Auflage gerichteten Eilantrag ablehnen.

Transparente

Transparente sind wesentliche Hilfsmittel auf Versammlungen zur Äußerung von Meinungen. Sie bei einer Versammlung unter freiem Himmel mitzuführen, ist von der Versammlungsfreiheit und zudem

125 BVerfG, Beschluss vom 29.06.2016 – 1 BvR 1791/14.

– sofern auf den Transparenten in Schrift oder Bild eine Meinung bekundet wird – von der Meinungsfreiheit aus Art. 5 Abs. 1 GG geschützt.

Eine **Beschränkung des Inhalts** von Transparenten ist nur zulässig, wenn Äußerungen gegen Strafgesetze verstoßen. Zulässig ist ein Einschreiten der Behörden beispielsweise bei Volksverhetzung (§ 130 StGB) oder einem Aufruf zu Straftaten (§ 111 StGB).

Der Inhalt zulässiger Meinungsäußerungen darf nicht zur Rechtfertigung von Maßnahmen herangezogen werden, die das Grundrecht des Art. 8 Abs. 1 GG beschränken[126]. Zurückhaltung ist in diesem Zusammenhang bei vermeintlich **beleidigenden Äußerungen** angezeigt. Auch scharfe Kritik ist von der Meinungsfreiheit gedeckt, insbesondere wenn sie sich gegen den Staat richtet. Sie kann nicht pauschal verboten werden. Anlässlich einer Demonstration werden auch überspitzte kritische Äußerungen z. B. gegen die Polizei – vorbehaltlich besonderer Umstände – eine straflose Kollektivbeleidigung und nicht eine Beleidigung der eingesetzten Polizeibeamtinnen und Polizeibeamten darstellen. Das gilt auch für das Tragen eines Aufnähers mit dem Kürzel „ACAB", erst bei einer „personalisierenden Adressierung" ist der Tatbestand der Beleidigung erfüllt[127].

Das Mitführen von (Seiten-)Transparenten kann nicht allein wegen der allgemeinen Möglichkeit ihres Missbrauchs zur Verhinderung der Identifizierung von Störern untersagt oder reglementiert werden. Allein die Vermutung, dass Transparente in Gesichtshöhe ge-

126 OVG NRW, Beschluss vom 03.11.2017 – 15 B 1371/17.

127 BVerfG, Beschluss vom 17.05.2016 – 1 BvR 2150/14.

halten werden könnten, genügt nicht[128]. Die Versammlungsbehörde muss vielmehr konkrete und nachvollziehbare tatsächliche Anhaltspunkte dafür vorbringen, dass das Mitführen der Transparente bzw. deren Größe die öffentliche Sicherheit und Ordnung unmittelbar gefährdet[129]. Selbst wenn Transparente als Sichtschutz genutzt werden, verstößt dies nicht gegen das Vermummungsverbot[130].

Versammlungsfreiheit und Pandemie

Die Corona-Pandemie hat zu einer regelrechten „Klageflut" vor den Verwaltungsgerichten geführt. Zur Eindämmung von Infektionsrisiken haben die Behörden weitgehende Einschränkungen bei der Durchführung von Versammlungen für erforderlich gehalten und vor allem zu Beginn sehr weitgehende Auflagen erlassen.

Diese anfänglich sehr restriktive Haltung hat sich nicht dauerhaft halten können. So sind Regelungen der Corona-Schutzverordnungen, nach denen Versammlungen einer Genehmigung der für den Infektionsschutz zuständigen Behörde bedürfen, aufgegeben worden. Eine Verpflichtung der Behörde zur Genehmigung bestand ohnehin, gegebenenfalls unter Auflagen, wenn nicht die Voraussetzungen für ein Versammlungsverbot vorlagen.

Mittlerweile ist klar, dass sich effektiver Gesundheitsschutz und Versammlungsfreiheit nicht unvereinbar gegenüberstehen. Der Grundsatz der Verhältnismäßigkeit fordert, dass Versammlungsver-

---

128 Sächs. OVG, Urteil vom 31.05.2014 – 3 A 199/17.

129 OVG NRW, Beschluss vom 03.11.2017 – 15 B 1371/17.

130 Sächs. OVG, Urteil vom 31.05.2014 – 3 A 199/17.

bote wie auch Genehmigungsvorbehalte nur dann angeordnet werden dürfen, wenn bestehenden Risiken einer Virusübertragung nicht wirksam begegnet werden kann. **Gründe des Infektionsschutzes** können insoweit Auflagen und auch ein Versammlungsverbot rechtfertigen. Getroffene Maßnahmen müssen aber stets geeignet und erforderlich sein und die mit ihnen verbundenen Belastungen dürfen nicht außer Verhältnis zum mit ihnen erstrebten Ziel stehen.

Die Versammlungsbehörde muss daher in jedem einzelnen Fall eine **Gefahrenprognose** treffen, wobei sie auf Erfahrungen früherer Veranstaltungen zurückgreifen darf. Hat es auf Versammlungen in der Vergangenheit erhebliche Verstöße gegen Auflagen zur Vermeidung der Übertragung eines Erregers gegeben, kann ein Versammlungsverbot die Folge sein. Auch ein umfangreiches Hygienekonzept ist nicht ausreichend, wenn zu erwarten ist, dass es dem Veranstalter nicht gelingen wird, seine Einhaltung sicherzustellen, weil sich die Versammlungsteilnehmer überwiegend nicht daran halten werden[131].

In Betracht kommen insbesondere die Anordnung einer Maskenpflicht[132], die Einhaltung von Mindestabständen, eine Begrenzung der Teilnehmendenanzahl[133], die Beschränkung eines Aufzugs auf eine stationäre Kundgebung[134] sowie die Verpflichtung zum Einsatz von Ordner:innen. Der Bayerische Verwaltungsgerichtshof hat ferner eine Auflage, wonach Flugblätter nicht durch „körperliches Aushän-

---

131 Sächs. OVG, Beschluss vom 11. Dezember 2020 – 6 B 432/20.

132 BayVGH, Beschluss vom 08.09.2020 –20 NE 20.1999; OVG Niedersachsen, Beschuss vom 06.07.2020 – 13 MN 238/20; OVG Saarland, Beschluss vom 13.05.2020 – 2 B 175/20.

133 OVG NRW, Beschluss vom 04.12.2020 – 15 B 1909/20.

134 VG München, Beschluss vom 18.12.2020 – M 13 S 20.6649.

digen“ verteilt, sondern nur an gut zugänglichen Orten ausgelegt werden dürfen, gebilligt[135].

Verlangt die Versammlungsbehörde ein ausgearbeitetes **Hygienekonzept**, muss sie die Veranstalter:innen dabei unterstützen, dieses zu erstellen und auch eigene Vorschläge unterbreiten, wie etwaige Mängel beseitigt werden können. Dies folgt aus ihrer Verpflichtung, die Durchführung der Versammlung zu ermöglichen. Die Veranstalter:innen sollten daher, wenn die Behörde der Meinung ist, das Hygienekonzept sei nicht ausreichend, um Hilfestellung bitten. Kann kein ausreichendes Konzept vorgelegt werden, ist ein Verbot der Versammlung nur dann gerechtfertigt, wenn die Behörde nicht von sich aus Auflagen erlassen kann, um bestehende Gefahren abzuwehren.

Rechtswidrig ist eine Auflage, nach der die Teilnehmenden auf einer **Liste** zu erfassen sind und diese bereits vor Beginn der Versammlung an eine Behörde zu übergeben ist[136]. Aber auch in dem Fall, dass die Liste erst an die Behörden weitergereicht werden muss, wenn Infektionen einer Versammlung zuzuordnen sind, bestehen Zweifel, ob eine solche Auflage mit dem Wesen der Versammlungsfreiheit vereinbar ist[137]. Für ein mehrtägiges Klimacamp hat das Oberverwaltungsgericht NRW eine derartige Verpflichtung zum Zwecke der Nachverfolgung von Kontakten allerdings für zulässig erachtet, da-

135 BayVGH, Beschluss vom 16.11.2020 – 10 CS 20.2658.

136 VG Gelsenkirchen, Beschluss vom 30.04.2020 – 20 L 536/20.

137 Kritisch insoweit VG Köln, Beschluss vom 07.05.2020 – 7 L 809/20.

bei aber auch darauf hingewiesen, dass diese Konstellation mit kürzeren Versammlungen nicht vergleichbar ist[138].

Rechtsschutz

Die Veranstalter:innen wie auch die Versammlungsleitung können sich gegen ein Verbot oder Auflagen beim zuständigen Verwaltungsgericht zur Wehr setzen. Voraussetzung ist, dass hierfür genügend Zeit bleibt, die Versammlungsbehörde den Bescheid also rechtzeitig vor dem Beginn der Versammlung erlassen hat (→ S. 67). Da in der Regel die sofortige Vollziehung des Bescheids angeordnet wird, haben Widerspruch und Klage keine aufschiebende Wirkung. Das bedeutet, dass Widerspruch oder Klage nicht dazu führen, dass die Maßnahme bis zur Entscheidung des Gerichts ausgesetzt wird. In der Folge müssten das Verbot bzw. die Auflagen befolgt werden. In einem Eilverfahren kann aber die Wiederherstellung der aufschiebenden Wirkung erreicht werden. Das Verwaltungsgericht prüft dabei, ob sich das Verbot bzw. die Auflagen in einem späteren Widerspruchs- oder Klageverfahren voraussichtlich als rechtmäßig oder rechtswidrig erweisen werden.

Hat die Versammlungsbehörde bereits angekündigt, in einer bestimmten Art und Weise mit einer Versammlung umgehen zu wollen, kann ein Bedarf bestehen, eine einstweilige Anordnung zu erwirken.

---

138 OVG NRW, Beschluss vom 23.09.2020 – 13 B 1422/20.

Die Versammlungsbehörde kündigt an, Teilnehmende nur in Kleingruppen zu jeweils bis zu 10 Personen polizeilich begleitet zum Veranstaltungsort zu bringen. Der Kundgebungsort soll dabei vollständig von der Polizei abgesperrt werden. Damit will sie unterbinden, dass sich Demonstrierende auf die Straße setzen, um den Aufmarschweg von Neonazis zu blockieren. Die nur abstrakte Gefahr, dass sich einzelne Personen wie befürchtet verhalten, ist aber kein hinreichender Grund für die „Abriegelung" eines Versammlungsortes[139]. Das Oberverwaltungsgericht NRW hat der Polizei daher im Wege der einstweiligen Anordnung untersagt, den Zugang zum Versammlungsort zu behindern.

139 OVG NRW, Beschluss vom 02.03.2015 – 15 B 265/15.

Teil 7: Durchführung einer Versammlung

Die Durchführung einer Versammlung ist eine Herausforderung für die Versammlungsleitung. Sie wird in der Regel zahlreiche Aufgaben zu erledigen haben, von inhaltlichen Beiträgen zum Programm bis hin zur Kommunikation mit der Polizei. Die Versammlungsleitung sollte vorab überlegen, ob und wie sie diesen Aufgaben gerecht werden kann. Beispielsweise wird es kaum möglich sein, dass die Versammlungsleitung zugleich die Moderation übernimmt. Besser ist es, die Arbeit im Vorfeld auf mehrere Schultern zu verteilen.

Unverzichtbar für die Versammlungsleitung ist der Auflagenbescheid bzw. die Anmeldebestätigung. Sie sollte ausgedruckt mitgenommen werden. Vor Beginn der Versammlung sollte die Anmeldebestätigung nochmal durchgegangen werden: Ist an alles gedacht? Welche Schwierigkeiten sind zu erwarten und wie sollte auf sie reagiert werden?

Die Versammlungsleitung muss sich darauf verlassen können, dass Entscheidungen von der Versammlung im Ganzen getragen werden. Vor allem bei größeren Versammlungen ist empfehlenswert, dass sich im Vorfeld mehrere Personen zusammenfinden und Entscheidungen die Versammlung betreffend gemeinsam als „Demorat“ treffen. Es entlastet die Versammlungsleitung zudem erheblich, wenn sie Entscheidungen nicht selbst an die Ordner:innen kommunizieren muss, sondern sich auf die Kommunikation mit der Polizei konzentrieren kann.

Umgang mit der Polizei

Die **Kooperationspflicht des Staates** beschränkt sich nicht auf die Phase der Vorbereitung der Versammlung, sondern auch auf ihre Durchführung. Um Absprachen mit der Versammlungsleitung treffen zu können, wird die Polizei in der Regel eine Kontaktbeamtin bzw. einen Kontaktbeamten benennen.

Eine Hürde für die/den Leiter:in bei der Kommunikation mit der Polizei ist, dass es sich um eine **hierarchische Organisation** handelt. Kontaktbeamtinnen und Kontaktbeamte sollen zwar Absprachen ermöglichen, sind aber zumeist nicht dazu befugt, Entscheidungen zu treffen. Jedes Zugeständnis bedarf daher einer Rückfrage bei der Einsatzleitung, auf die erst nach einiger Zeit eine Antwort folgt. Dies ist nicht nur umständlich, sondern hat Auswirkungen auf die Handlungsmöglichkeiten der Versammlungsleitung. „Absprachen" erfolgen in dieser Konstellation tendenziell in eine Richtung, indem die Polizei ihre Erwartungen artikuliert. Die Versammlungsleitung muss versuchen, dieses Ungleichgewicht über ggf. mehrfache Nachfragen bei den Beamtinnen und Beamten auszugleichen.

Umstritten ist, ob die Versammlungsbehörde zur Abwehr von Gefahren für die öffentliche Sicherheit oder Ordnung während einer laufenden Versammlung Auflagen verfügen darf. In der Rechtsprechung[140] wird dies angenommen, wenn die Versammlung andernfalls gem. § 15 Abs. 3 VersG[141] aufgelöst werden müsste („Mi-

140 BVerwG, Urteil vom 08.09.1981 – BVerwG 1 C 88/77.

141 Art. 15 BayVersG; § 14 VersFG BE; § 8 NVersG; § 15 SächsVersG; § 15 VersammlG LSA; § 13 VersFrhG SH.

nusmaßnahmen“ → S. 134). Auch wenn § 15 Abs. 3 VersG für eine laufende Versammlung keine andere Maßnahme nennt als die Auflösung, folgt aus dem Grundsatz der Verhältnismäßigkeit, dass die Behörde zunächst andere Maßnahmen ergreifen muss, bevor sie die Versammlung zwangsweise auflöst. Es müssen allerdings die Voraussetzungen des § 15 Abs. 1 VersG vorliegen (→ S. 93). In Bundesländern, in denen die Polizei zugleich Versammlungsbehörde ist, kommt ihr diese Aufgabe zu.

Bei **mündlichen Anweisungen der Polizei** kann mitunter nicht ganz eindeutig sein, ob die Behörde eine Anordnung oder eine rechtlich unverbindliche Bitte ausspricht.

Ein Beamter der Polizei teilt der Versammlungsleiterin mit: „Sie beschallen mit Ihrer Anlage nicht nur Ihre Versammlung, sondern auch die Menschen, die im Eiscafé dort drüben sitzen. Drehen Sie bitte die Boxen um.“ Die Versammlungsleiterin will dem nicht nachkommen. Sie meint, dass auch Menschen erreicht werden sollen, die nicht selbst an der Versammlung teilnehmen.

Die Aufforderung des Beamten schreibt der Versammlungsleiterin ein Handeln vor, nämlich die Boxen in eine bestimmte Richtung auszurichten. Sie sollte die Beamtinnen und Beamten **um Klarstellung bitten**, ob er eine Auflage erlassen hat, die sofort vollziehbar ist.

In diesem Fall sollte darauf bestanden werden, dass die Auflage **so präzise wie möglich formuliert** wird. Auch mündliche Auflagen müssen so bestimmt sein, dass die Versammlungsleitung weiß, was von ihr verlangt wird.

Die Behörde gibt dem Versammlungsleiter auf, „die Lautstärke der Anlage herunterzudrehen". Diese Anordnung wäre nicht hinreichend bestimmt. Der Versammlungsleiter sollte darauf bestehen, dass die Behörde konkret mitteilt, wann die Anlage zu laut ist (Bestimmtheit von Auflagen → S. 106).

Darüber hinaus sollte verlangt werden, dass die Auflage **nachträglich schriftlich oder elektronisch bestätigt** wird. Eine solche Bestätigung muss die Behörde nach § 37 Abs. 2 S. 2 VwVfG erteilen, wenn ein berechtigtes Interesse besteht und der Betroffene dies unverzüglich verlangt. Allzu hohe Anforderungen sind an das berechtigte Interesse nicht zu stellen. Es reicht aus, wenn der Betroffene angibt, die Rechtmäßigkeit des Verwaltungsakts prüfen zu wollen. Sollte eine Beamtin oder ein Beamter ein Protokoll führen, sollte darauf bestanden werden, dass die Bitte um eine Bestätigung der Auflage **protokolliert** wird.

Checkliste für mündlich erlassene Auflagen

- ☑ Um Klarstellung bitten, ob es sich um eine Auflage oder um eine Bitte handelt.
- ☑ Liegt eine Gefahr für die öffentliche Sicherheit oder Ordnung vor?
- ☑ Ist die Auflage so präzise formuliert, dass klar ist, was verlangt wird?
- ☑ Nachträgliche Bestätigung der Auflage verlangen und protokollieren lassen.

Möglichkeit der „Nachkooperation"

Im Kooperationsgespräch werden die Fragen angesprochen, die zu diesem Zeitpunkt klärungsbedürftig scheinen. Da sich die äußeren Umstände aber jederzeit ändern können – die Polizei bezeichnet Versammlungsgeschehen insoweit als „dynamische Lagen" – kann es erforderlich sein, vor Ort neue Absprachen zu treffen.

> Ein Unfall verhindert, dass die Versammlung wie geplant die Straße passieren kann. Die Polizei wird mit der Versammlungsleitung eine Alternativroute abstimmen.

Es nehmen deutlich mehr Personen an der Versammlung teil, als von Veranstaltenden und Versammlungsbehörde ursprünglich angenommen. Reicht der Platz nicht aus, um alle Teilnehmenden aufzunehmen, muss abgesprochen werden, welche weiteren Flächen eventuell zur Verfügung stehen.

Diese „Nachkooperation" kann durch die Versammlungsleitung gezielt eingefordert werden. Das Kooperationsgebot verpflichtet die Polizei zu einem versammlungsfreundlichen Verhalten.

Öffentlichkeitsarbeit der Polizei

Versammlungen sind Ereignisse von besonderer Bedeutung. Es ist nichts dagegen einzuwenden, wenn die Polizei im Rahmen ihrer Öffentlichkeitsarbeit in sachlicher Form auf die möglichen Auswirkungen für den Verkehr o. ä. hinweist. Der Versand von **Pressemitteilungen**, in denen die Polizei über Ereignisse im Zusammenhang mit Versammlungen informiert, ist üblich und auch grundsätzlich zulässig.

Die Öffentlichkeitsarbeit der Polizei wird durch das **Sachlichkeitsgebot** begrenzt. Allgemeiner Grundsatz für rechtsstaatliches Verhalten ist, dass der Staat nicht willkürlich handeln darf. Hieraus ist abzuleiten, dass Äußerungen von Behörden nicht unsachlich sein dürfen. Sie müssen im Wesentlichen auf einem zumindest vertretbar gewürdigten Tatsachenkern beruhen. Die Verbreitung von Unwahrheiten und bewusste Fehlinterpretationen sind Behörden nicht gestattet. Zudem dürfen Äußerungen den sachlich gebotenen Rahmen nicht überschreiten[142], sie müssen also verhältnismäßig sein.

Ein noch strengerer Maßstab gilt, wenn die Öffentlichkeitsarbeit politische Parteien betrifft. In diesem Falle sind die Behörden zu **parteipolitischer Neutralität** verpflichtet.

Die Polizei hat in den vergangenen Jahren ihre Öffentlichkeitsarbeit deutlich professionalisiert. Zahlreiche Polizeipräsidien unterhalten Profile in sozialen Netzwerken, über die sie eine beträchtliche Zahl von Nutzerinnen und Nutzern erreichen. Sie werden zum Teil von **Social-Media-Teams** im Schichtbetrieb betreut. Dies ermöglicht es der Polizei, Informationen über soziale Netzwerke zunehmend in Echtzeit zu verbreiten und auf Posts von Nutzerinnen und Nutzern direkt zu reagieren.

---

142 BVerwG, Urteil vom 13.09.2017 – 10 C 6/16.

Diese „agile“ Art der Öffentlichkeitsarbeit wird von der Polizei als notwendig angesehen, sie ist aber grundsätzlich problematisch, insbesondere wenn Informationen verbreitet werden, die eine Versammlung in schlechtem Licht erscheinen lassen. Die Polizei wird gemeinhin als besonders **vertrauenswürdige Quelle** wahrgenommen; ihre Schilderungen des Sachverhalts erwecken daher den Anschein einer „amtlichen Bestätigung“ der Richtigkeit. Vor allem Berichte über Angriffe auf Polizeibeamtinnen und Polizeibeamte oder anderweitige Straftaten von Teilnehmenden bedürfen zum Schutz der Darstellung der Versammlung in der Öffentlichkeit einer besonders gründlichen Recherche, bevor sie veröffentlicht werden. Gerade bei unübersichtlichen Versammlungslagen wird eine hinreichende Sicherheit über den Wahrheitsgehalt einer Information aber nicht zeitnah zu erlangen sein. Das Sachlichkeitsgebot verbietet gerade die Verbreitung von „Fake News“. Ihm wird nur dann Rechnung getragen, wenn die Polizei ihre Informationen hinreichend prüft, statt dass sie aus Gründen der Effektivität ihrer Öffentlichkeitsarbeit billigend in Kauf nimmt, grundrechtlich geschütztes Handeln ohne hinreichende Grundlage zu verkürzen.

Besonders problematisch ist, wie zuletzt beobachtet, die **Bebilderung von Postings in sozialen Netzwerken**. Fotos oder Videos von einer Versammlung dürfen von der Polizei nur dann angefertigt werden, wenn die gesetzlichen Voraussetzungen für den Einsatz von Kameras (→ S. 157) vorliegen, nicht aber für die Öffentlichkeitsarbeit bei Twitter oder Facebook. Auch wenn die Polizei sicherlich ein Interesse an einer umfassenden Nutzung sozialer Netzwerke hat, stehen ihr nicht die gleichen Rechte wie Journalistinnen und

Journalisten zu. Sie ist an Grundrechte gebunden und kann sich für ihre PR nicht auf die Meinungsfreiheit des Art. 5 GG berufen. Das Recht zur Öffentlichkeitsarbeit beinhaltet nicht zugleich die Befugnis, ohne eine gesetzliche Grundlage in Grundrechte einzugreifen.

Bereits das **Anfertigen von Fotos oder Videos durch die Polizei** greift in das Recht auf informationelle Selbstbestimmung der Betroffenen ein. Nicht nur bei Porträtaufnahmen, sondern auch bei Verwendung eines Weitwinkels können die Abgebildeten bedingt durch die heute übliche hohe Auflösung der eingesetzten Kameras potenziell identifiziert werden. Sie nehmen lediglich wahr, dass die Polizei die Versammlung fotografiert bzw. filmt. Bei einzelnen Teilnehmenden kann dies das Gefühl auslösen, behördlich registriert bzw. überwacht zu werden und sie von einer weiteren Teilnahme an dieser oder künftigen Versammlungen abschrecken. Schließlich wissen die Betroffenen nicht, was mit den Aufnahmen passiert. Sie können beispielsweise nicht abschätzen, ob sie in einer Datei gespeichert oder mit anderen Aufnahmen abgeglichen werden. Foto- und Videoaufnahmen, die bei Versammlungen angefertigt und gespeichert werden, greifen deshalb auch in die Versammlungsfreiheit ein[143].

Im Falle von Foto- oder Filmaufnahmen sollten die Beamtinnen und Beamten darauf angesprochen werden. Setzen sie das Fotografieren oder Filmen dennoch fort, sollte die Ver-

143 OVG NRW, Urteil vom 17.09.2019 – 15 A 4753/18.

sammlungsleitung dies ihrerseits durch Fotos dokumentieren, um im Falle eines späteren Gerichtsverfahrens beweisen zu können, dass für die Maßnahme der Polizei kein Anlass bestand.

„Polizeifestigkeit" von Versammlungen

Das Versammlungsgesetz ist gegenüber anderen Gesetzen spezieller, Maßnahmen gegen eine Versammlung können nur im Versammlungsgesetz ihre Grundlage finden. Ein Rückgriff auf das allgemeine Polizei- und Ordnungsrecht ist unzulässig, man spricht daher auch von der „**Polizeifestigkeit**" des Versammlungsrechts. Ist eine Versammlung nicht verboten oder aufgelöst, steht sie grundsätzlich unter dem Schutz des Art. 8 Abs. 1 GG. In der Folge muss die Polizei auf eine Anwendung ihrer polizeirechtlichen Befugnisse gegenüber den Teilnehmenden verzichten.

Maßnahmen der Polizei gegenüber Teilnehmenden zur Gefahrenabwehr auf der Grundlage der Polizeigesetze sind rechtswidrig. **Platzverweise** kann die Polizei gegen Versammlungsteilnehmer:innen einer Versammlung nicht aussprechen. Das Versammlungsgesetz lässt nur einen Ausschluss von Teilnehmenden aus der Versammlung zu, wenn diese die Ordnung gröblich stören (→ S. 176). Für Identitätsfeststellungen enthält das Versammlungsgesetz keine

Rechtsgrundlage. Auch eine Ingewahrsamnahme durch einen **Polizeikessel** bedarf einer vorherigen Auflösung der Versammlung[144].

Die Versammlungsbehörde darf während einer laufenden Versammlung ausnahmsweise auf die Rechtsfolgen der Polizeigesetze zurückgreifen, wenn hierdurch eine Auflösung der Versammlung vermieden werden kann[145]. Für solche „Minusmaßnahmen" gegen einzelne Versammlungsteilnehmer müssen allerdings die Voraussetzungen des § 15 Abs. 1 VersG[146] vorliegen. Es bedarf also einer unmittelbaren Gefahr für die öffentliche Sicherheit oder Ordnung, der Eintritt eines Schadens muss mit hoher Wahrscheinlichkeit zu erwarten sein. Der Grundsatz der Verhältnismäßigkeit erfordert es sogar, dass die Polizei solche „Minusmaßnahmen" ergreift, bevor sie zum Mittel der Auflösung der Versammlung greift.

Der Polizei ist ein Vorgehen zur **Verfolgung von Straftaten oder Ordnungswidrigkeiten** erlaubt, selbst wenn dies faktisch zur Auflösung der Versammlung oder dem Ausschluss einzelner Teilnehmender führt. Zu berücksichtigen ist aber, dass die Strafprozessordnung nicht zum Zwecke der Gefahrenabwehr „umfunktioniert" werden darf.

Voraussetzung für einen Polizeikessel nach der Strafprozessordnung ist stets, dass gegen die betroffenen Personen ein Anfangsverdacht für Straftaten besteht, in diesem Fall muss die gesamte Gruppe der

---

144 OVG NRW, Beschluss vom 02.03.2001 – 5 B 273/01 m.w.N.

145 Vgl. BVerwG, Urteil vom 08.09.1981 – 1 C 88/77.

146 Art. 15 BayVersG; § 14 VersFG BE; § 8 NVersG; § 15 SächsVersG; § 15 VersammlG LSA; § 13 VersFrhG SH.

eingeschlossenen Personen möglicherweise Straftaten begangen haben. Fehlt gegenüber einzelnen Personen ein Anfangsverdacht, ist die Maßnahme ihnen gegenüber rechtswidrig.

Maßnahmen im Vorfeld der Versammlung

Vor Beginn der Versammlung kann die Polizei ihr Handeln auf das allgemeine Polizei- und Ordnungsrecht stützen. Maßnahmen sind zulässig, wenn sie nicht dazu führen, dass die betroffenen Personen in ihrer Teilnahme an der Versammlung behindert werden. Zieht sich eine Maßnahme in die Länge und kann die/der Betroffene daher an Teilen oder der gesamten Versammlung nicht teilnehmen, greift dies in die Versammlungsfreiheit ein[147].

Wenn sich Maßnahmen nicht gegen einzelne Personen, sondern **gegen die Versammlung an sich** richten, beispielsweise durch die Einrichtung von Kontrollstellen, bei denen Versammlungsteilnehmer:innen verdachtsunabhängig kontrolliert werden, bedarf es hingegen einer gesetzlichen Grundlage, die einen solchen Eingriff in die Versammlungsfreiheit legitimiert. Dies wird in der Regel nicht der Fall sein.

Der **Vorrang des Versammlungsgesetzes** (→ 134) gilt im Vorfeld der Versammlung nur in Bezug auf dessen spezielle Regelungen. Will die Polizei beispielsweise die Anreise von Demonstrierenden filmen, muss sie die Voraussetzungen des § 12a VersG[148] beachten. Ihr sind

147 OVG NRW, Urteil vom 10.06.1981 – 4 A 2607/79.

148 Art. 9 BayVersG; § 18 VersFG BE; § 17 NVersG; § 12 SächsVersG; § 18 VersammlG LSA; § 16 VersFrhG SH.

Identitätsfeststellungen oder Durchsuchungen aber, anders als nach Beginn der Versammlung, nicht grundsätzlich verwehrt, wenn mit ihnen die Abwehr von Gefahren bezweckt ist.

Unzulässig ist, eine Versammlung im Vorfeld durch gezielte Maßnahmen wie **schleppende Kontrollen** zu verhindern oder von der Teilnahme abzuschrecken. Vorfeldmaßnahmen, die einschüchtern oder diskriminierend wirken, weil die/der Betroffene in der Öffentlichkeit als „gefährlich" dasteht und hierdurch möglicherweise von einer Teilnahme abgehalten wird, sind unzulässig[149].

Verzögert sich die Anreise von Teilnehmenden durch Maßnahmen der Polizei, sollte die Versammlungsleitung dies bei dem Kontaktbeamten beanstanden und gegebenenfalls darauf hinweisen, dass hierdurch der Zeitplan der Versammlung nicht einzuhalten sein wird, weil auf die „Nachzügler:innen" gewartet werden muss. Auch eine Dokumentation des Geschehens ist empfehlenswert, z. B. durch ein Gedächtnisprotokoll.

Rechte und Pflichten auf Versammlungen

Aus dem Versammlungsgesetz ergeben sich eine Vielzahl von Rechten und Pflichten. Dies gilt vor allem für die Versammlungsleitung,

149 BVerfG, Beschluss vom 12.05.2010 – 1 BvR 2636/04.

die bei der Durchführung der Versammlung eine herausgehobene Stellung einnimmt.

Stellung der Versammlungsleitung

Das Versammlungsgesetz weist der Versammlungsleitung die Aufgabe zu, die Ordnung auf der Versammlung aufrechtzuerhalten. Was auf den ersten Blick nach einer Bevormundung aussieht, ist vielmehr Ausdruck des Selbstbestimmungsrechts der Versammlung. Probleme sollen die Betroffenen vorrangig selber lösen, nicht die Polizei. Ihre Eingriffsbefugnisse beschränken sich auf die Abwehr von Gefahren, die durch die Versammlung nicht selbst bewältigt werden können.

Trotz ihrer Ordnungsfunktion ist die Versammlungsleitung, wie das VG Bayreuth treffend formuliert, „kein Hilfspolizist". Sie ist daher nicht verpflichtet, jede von ihr festgestellte problematische Handlung zu unterbinden oder intensiv mit der Polizei zusammenzuarbeiten und ihr jegliche Unterstützung zu gewähren. Dafür fehlt es an einer Rechtsgrundlage[150]. Ordner:innen haben also nur die Rechte und Pflichten im Auftrag der Versammlungsleitung durchzusetzen und nicht anstelle der Polizei für Ruhe und Ordnung zu sorgen[151].

Die Aufgabe der Versammlungsleitung kommt der in der Anmeldung benannten Person zu. Anders als bei Veranstaltungen in geschlossenen Räumen ist nicht zugleich Leiter:in, wer die Versammlung veranstaltet[152]. Denn § 7 Abs. 2 bis Abs. 4 VersG ist auf Versammlungen

150 VG Bayreuth, Urteil vom 31.07.2012 – B 1 K 12.138.

151 VG Neustadt, Urteil vom 19.05.2009 – 5 K 1179.08.

152 Gleiches gilt für Niedersachsen, Sachsen und Sachsen-Anhalt. In Bayern und Berlin ist der bzw. die Veranstalter:in zugleich Versammlungsleitung, kann diese

unter freiem Himmel nicht anwendbar, weil § 18 Abs. 1 VersG nur auf § 7 Abs. 1 VersG verweist. Die Übertragung der Leitung auf eine andere Person nach der Anmeldung ist zwar, wenn man das Gesetz wörtlich versteht, nicht möglich, auch wenn viele Versammlungsbehörden dies im Sinne einer vertrauensvollen Zusammenarbeit mit der Versammlung ermöglichen.

Die Versammlungsbehörde muss die von den Veranstalterinnen und Veranstaltern als Versammlungsleitung gewählte Person akzeptieren. Lediglich wenn tatsächliche Anhaltspunkte vorliegen, dass die Person der Leiterin bzw. des Leiters eine Gefahr für die öffentliche Sicherheit oder Ordnung begründet, z. B. wegen vergangener Straftaten, kann sie diese:n mittels einer entsprechenden Auflage ablehnen und bestimmen, dass eine andere Versammlungsleitung zu benennen ist.

Stellvertretung

Gesetzlich nicht vorgesehen, aber übliche Praxis, ist die Benennung einer Stellvertretung. Im Falle einer Verhinderung kann diese die Aufgabe der Versammlungsleitung übernehmen. Für die Versammlungsbehörde und die Polizei ist die Benennung einer Stellvertretung vorteilhaft, weil hierdurch klar ist, an wen sie sich wenden können, wenn Absprachen zu treffen sind und die Leiterin bzw. der Leiter nicht erreichbar ist.

Aufgabe aber an einen anderen übertragen (Art. 3 Abs. 1 BayVersG; § 6 Abs. 1 und 2 VersFG BE)

Rechtlich ist die Durchführung der Versammlung an die Benennung der Versammlungsleitung nicht gebunden, hierfür fehlt es an einer Rechtsgrundlage. Zwar muss jede Versammlung einen Leiter haben, erscheint die als Leiter:in benannte Person aber aus welchen Gründen auch immer nicht, kann dies nicht dazu führen, dass die Versammlung aufzulösen wäre. Dies gilt insbesondere, wenn sich eine der anwesenden Personen bereiterklärt, die Versammlungsleitung zu übernehmen. Die Versammlung kann daher auch stattfinden, wenn alle zuvor benannten Personen verhindert sind. Hier liegt ein sachlicher Grund vor, der eine Abweichung von den Angaben in der Anmeldung rechtfertigt.

Rechte und Pflichten der Versammlungsleitung

Das Versammlungsgesetz kennt ein Bündel an Rechten und Pflichten der Versammlungsleitung.

Rechte der Versammlungsleitung:

- Bestimmungsrecht über den Ablauf der Versammlung
- Unterbrechung, Fortsetzung und Schließung der Versammlung
- Einsatz von Ordner:innen, ihr Einsatz muss bei der Anmeldung beantragt und von der Polizei genehmigt werden
- Pflicht der Teilnehmenden, die zur Aufrechterhaltung der Ordnung getroffenen Anordnungen der Versammlungsleitung zu befolgen

Pflichten der Versammlungsleitung:

- Anwesenheit während der Versammlung
- Aufrechterhaltung der Ordnung
- Durchführung der Versammlung im Wesentlichen wie in der Anmeldung angegeben
- Befolgung vollziehbarer behördlicher Anordnungen (z. B. Auflagen)
- Kein Einsatz bewaffneter Ordner:innen
- Einhaltung der angemeldeten bzw. genehmigten Anzahl von Ordner:innen und Kennzeichnung mit Ordnerbinde
- Einräumen eines angemessenen Platzes für Polizeibeamtinnen und Polizeibeamte
- Beendigung der Versammlung, wenn sich die Versammlungsleitung nicht durchsetzen kann

Entscheidungen trifft die Versammlungsleitung nach ihrem Ermessen, ohne an den Willen der Versammlung gebunden zu sein. Schon aus diesem Grunde sollten Veranstalter:innen sorgfältig auswählen, wem sie diese Aufgabe übertragen. Bilden Teilnehmende einer vorherigen Versammlung nach deren Beendigung eine neue Spontanversammlung, hat die frühere Versammlungsleitung keine Rechte und Pflichten.

Nicht selten übernimmt die Versammlungsleitung neben der Kommunikation mit der Polizei weitere Aufgaben wie etwa die Moderation oder die Koordinierung von Redebeiträgen. Besser ist es, im Vorfeld eine Verteilung der anfallenden Aufgaben vorzunehmen.

Die Versammlungsleitung sollte vorrangig die Kommunikation mit der Polizei und den Ordner:innen übernehmen, daneben ist allenfalls ein kurzer Redebeitrag denkbar.

Gerade bei größeren Versammlungen sollte die Versammlungsleitung zudem von weiteren Personen unterstützt werden, die einzelne Aufgaben übernehmen (z. B. Weitergabe von Informationen an die Ordner:innen oder die Moderation). Bei größeren Bündnisveranstaltungen sollten grundlegende Entscheidungen für die Versammlung unter Beteiligung der wichtigsten Organisationen getroffen werden. Dafür kann ein „Demorat" gebildet werden, in dem mehrere Vertreter:innen mit der Versammlungsleitung ein gemeinsames Vorgehen besprechen. Letztlich obliegt es allerdings allein der Versammlungsleitung, ob sie das Ergebnis der Diskussion annimmt oder eine eigene Entscheidung trifft.

Bestimmungsrecht über den Ablauf

Die Versammlungsleitung bestimmt über den Ablauf der Versammlung. Sie kann verbindliche Absprachen mit der Polizei treffen. Da Versammlungen „dynamische Lagen" sind, also unerwartete Situationen auftreten können, die im Kooperationsgespräch nicht oder nicht so erörtert wurden, muss die Versammlungsleitung gegebenenfalls spontan reagieren.

Das Bestimmungsrecht findet darüber hinaus seinen Ausdruck darin, dass die Leiterin bzw. der Leiter eine Versammlung eröffnet, unterbricht, fortsetzt oder schließt, einzelnen Personen das Wort erteilt oder entzieht und die Ordnung der Versammlung aufrechterhält.

Verantwortung für die Ordnung

Die Versammlungsleitung kann Anordnungen gegenüber den Teilnehmenden treffen, um die Ordnung der Versammlung aufrechtzuerhalten. Die Teilnehmenden sind verpflichtet, diese Anordnungen zu befolgen. Zwangsbefugnisse oder ein Ausschlussrecht gegenüber Teilnehmenden stehen ihr aber genauso wenig zu wie Ordner:innen. Kommen Teilnehmende den Weisungen der Versammlungsleitung nicht nach, wird sie sich zur Durchsetzung der Ordnung an die Polizei wenden müssen.

Teilnehmende, die der Versammlungsleitung oder Ordner:innen bei der rechtmäßigen Ausübung von Ordnungsbefugnissen mit Gewalt oder Drohung mit Gewalt Widerstand leisten oder sie während der rechtmäßigen Ausübung ihrer Ordnungsbefugnisse tätlich angreifen, machen sich nach § 22 VersG[153] strafbar.

153 Art. 8 Abs. 2 Nr. 2 BayVersG; § 26 Abs. 2 Nr. 2 VersFG BE; § 23 SächsVersG; § 21 VersammlG LSA; § 23 Abs. 3 VersFrhG SH

§ 9 VersG[154]

(1) Der Leiter kann sich bei der Durchführung seiner Rechte aus § 8 der Hilfe einer angemessenen Zahl ehrenamtlicher Ordner bedienen. Diese dürfen keine Waffen oder sonstigen Gegenstände im Sinne von § 2 Abs. 3 mit sich führen, müssen volljährig und ausschließlich durch weiße Armbinden, die nur die Bezeichnung „Ordner„ tragen dürfen, kenntlich sein.

§ 18 VersG[155]

(1) Für Versammlungen unter freiem Himmel sind § 7 Abs. 1, §§ 8, 9 Abs. 1, §§ 10, 11 Abs. 2, §§ 12 und 13 Abs. 2 entsprechend anzuwenden.

(2) Die Verwendung von Ordnern bedarf polizeilicher Genehmigung. Sie ist bei der Anmeldung zu beantragen.

Die Versammlungsleitung darf eine angemessene Zahl an Ordner:innen einsetzen, wenn ihr Einsatz bei der Anmeldung beantragt und

154 Art. 4 Abs. 2 BayVersG; § 7 Abs. 2 VersFG BE; § 7 Abs. 2 NVersG; § 8 SächsVersG; § 8 VersammlG LSA; § 6 Abs. 2 VersFrhG LSA.

155 § 18 SächsVersG.; § 16 VersammlG LSA.

genehmigt wurde. Keiner Genehmigung bedarf der Einsatz von Ordner:innen in Bayern, Berlin, Niedersachsen, Schleswig-Holstein.

Die Versammlungsbehörde darf Ordner:innen nur ablehnen, wenn wenn Tatsachen vorliegen, nach denen die als Ordner:innen genannten Personen voraussichtlich die mit Ordnerfunktion verbundenen Aufgaben nicht erfüllen werden. In dieser Konstellation kommt eine Versagung in Betracht[156].

Gesetzlich wird der **Zeitpunkt des Antrags** auf die Anmeldung festgelegt, die Versammlungsbehörde kann eine etwaige Genehmigung aber auch nachträglich erteilen.

Angemessen ist die Anzahl an Ordner:innen, die zur Aufrechterhaltung der Ordnung erforderlich ist (→ S. 149).

Eine **Pflicht**, sich der Hilfe von Ordner:innen zu bedienen, kann nur durch eine Auflage begründet werden, hierzu müssen die Voraussetzungen des § 15 Abs. 1 VersG[157] (→ S. 93) vorliegen.

Ordner:innen unterstützen die Versammlungsleitung bei ihren Aufgaben. Sie sind wie die Versammlungsleitung keine „Hilfspolizistinnen oder -polizisten", sondern werden im Sinne des Anliegens der Versammlung tätig. Es liegt in der Bestimmungsmacht der Versammlungsleitung, wann und an welcher Stelle der Versammlung sie sich Ordner:innen bedient. Der Ordnereinsatz muss flexibel gestaltbar sein, zumal die Versammlung jederzeit verlassen werden und zu

---

156 Sächsisches OVG, Urteil vom 04.06.2009 – 3 B 59/06.

157 Art. 9 BayVersG; § 18 VersFG BE; § 17 NVersG; § 12 SächsVersG; § 18 VersammlG LSA; § 16 VersFrhG SH.

ihr jederzeit hinzugetreten werden können muss. Eine Auflage, nach der die Ordner:innen einen Aufzug seitlich begleiten müssen, ist daher rechtswidrig[158].

Abgesehen von dieser Aufgabe sind sie Teilnehmende wie alle anderen auch. Vor allem dürfen sie z. B. Redebeiträge halten, Flugblätter verteilen und Parolen rufen. Sonderrechte gegenüber anderen Versammlungsteilnehmer:innen stehen ihnen hingegen nicht zu, insbesondere haben sie keine Befugnis zur Anwendung von Gewalt.

Zweckmäßig ist eine vorherige **Einweisung** von Ordner:innen durch die Versammlungsleitung. Ihnen sollte bekannt gegeben werden, worauf zu achten ist, welche Auflagen für die Versammlung gelten und wie mit der Versammlungsleitung kommuniziert wird. Sinnvoll kann sein, ein Handout mit den wichtigsten Informationen auszuteilen (Mustertext → S. 192).

Eine Auflage, nach der die Einweisung vor Beginn der Versammlung und in Gegenwart der Einsatzleitung vorzunehmen, ist rechtswidrig. Die Ordnungsfunktion der Versammlungsleitung ist zeitlich auf die Versammlung beschränkt, im Vorfeld bestehen keine Rechte und Pflichten. Eine entsprechende Auflage hat zudem Auswirkungen auf die Versammlung selbst, weil sie letztlich auch den Beginn der Versammlung davon abhängig macht, dass die Einsatzleitung am Versammlungsort eintrifft. Wäre sie verhindert oder nicht auffindbar, dürfte die Versammlung nicht beginnen. Für eine solche Vorgehens-

158 VG Würzburg, Urteil vom 19.12.2013 – W 5 K 13.265.

weise ist weder eine Rechtsgrundlage noch ein sachlicher Grund ersichtlich[159].

159 Sächs. OVG, Urteil vom 02.02.2016 – 3 A 181/14; anderer Ansicht OVG NRW, Beschluss vom 09.02.2001 – 5 B 180/01.

Checkliste: Einweisung von Ordner:innen

- ☑ Ordner:innen helfen der Versammlungsleitung dabei, Probleme zu lösen. Sie sind kein verlängerter Arm der Polizei, sondern gewährleisten die Sicherheit der Teilnehmenden.
- ☑ Ordner:innen haben keine Zwangsbefugnisse. Im Gegenteil, wenn Probleme festgestellt oder Auflagen missachtet werden, sollten sie auf die anderen Versammlungsteilnehmer:innen zugehen und deeskalierend auftreten.
- ☑ Auch bei Konflikten mit der Polizei ist es Aufgabe der Ordner:innen, zu deeskalieren.
- ☑ Im Zweifelsfall ist die Versammlungsleitung zu informieren. Erst wenn dies nicht möglich ist, sollte die Polizei zur Hilfe geholt werden. Grundsatz: Die Versammlung klärt Probleme vorrangig selbst.
- ☑ An unübersichtlichen Stellen, Engstellen oder Straßen sorgen Ordner:innen dafür, dass niemand zu Schaden kommt. Sie helfen ggf. Rettungsfahrzeugen durch die Versammlung.
- ☑ Bekanntgabe des geplanten Ablaufs der Versammlung und der Auflagen.
- ☑ Sonstige Besonderheiten dieser Versammlung, die Ordner:innen wissen sollten.

Das Verhältnis von Ordner:innen zu Teilnehmenden in einer Auflage der Versammlungsbehörde muss verhältnismäßig sein. Zumeist wird es ausreichen, wenn auf 40 bis 50 Teilnehmende ein/e Ordner:in verlangt wird. Nur in Ausnahmefällen wird ein geringeres Verhältnis zulässig sein. Für kleine Versammlungen wird wegen ihrer Übersichtlichkeit ein Ordnereinsatz nicht durch eine Auflage vorgeschrieben werden können. Die Versammlungsleitung kann in diesem Falle selbst für Ordnung sorgen.

Anforderungen an Ordnerinnen und Ordner

Bei der Auswahl von Ordner:innen muss die Versammlungsleitung beachten, dass diese gem. § 9 Abs. 1 VersG

- volljährig,
- ehrenamtlich und
- zuverlässig

sein müssen.

Volljährig ist, wer das 18. Lebensjahr vollendet hat. Umstritten ist, ob aus verfassungsrechtlichen Gründen eine Ausnahme von dem Erfordernis der Volljährigkeit zu machen ist, wenn z. B. eine Versammlung von Schülerinnen und Schülern veranstaltet wird[160]. In Berlin, Niedersachsen, Sachsen-Anhalt und Schleswig-Holstein müssen Ordner:innen nicht volljährig sein.

---

160 Dafür: *Dietel/Gintzel*, VersG, § 9 Rn. 8; *Ott*, in: Ott/Wächtler, VersG, § 12 Rn. 4. Dagegen: *Wache*, in: Erbs/Kohlhaas, Strafrechtliche Nebengesetze, VersG, § 12 Rn. 3.

Die Ehrenamtlichkeit verbietet den Einsatz privater Sicherheitsdienste auf Versammlungen, darüber hinaus dürfen Beschäftigte des Veranstalters nur in ihrer Freizeit als Ordner:innen tätig sein. Es spricht allerdings nichts dagegen, den Ordner:innen etwaige Auslagen wie z. B. Fahrtkosten zu ersetzen. Auf das Erfordernis der Ehrenamtlichkeit verzichten die Versammlungsgesetze in Bayern, Berlin, Niedersachsen und Schleswig-Holstein.

Ordner:innen sind mit weißen Armbinden[161] mit der Aufschrift „Ordner" zu kennzeichnen, wobei nach dem Sinn und Zweck des Gesetzes selbstverständlich auch die Bezeichnung „Ordner:in" zulässig ist. Eine Kennzeichnung mit Westen oder T-Shirts entspricht allerdings nicht den gesetzlichen Anforderungen.

Wie alle anderen Versammlungsteilnehmer:innen dürfen Ordner:innen nicht uniformiert sein. Auch aus diesem Grunde ist auf Warnwesten o. ä. eher zu verzichten, die gesetzlich zugelassene Kennzeichnung mit einer Ordnerbinde ist ausreichend.

Für Ordner:innen gilt ferner, wie für alle Versammlungsteilnehmer:innen, dass sie unbewaffnet sein müssen und auch sonst keine gefährlichen Gegenstände bei sich tragen dürfen.

161 Farbenfroher zugehen darf es in Berlin und Sachsen-Anhalt. Hier ist die Farbe Weiß für die Kennzeichnung nicht verpflichtend. In Berlin ist zudem nur eine Kennzeichnung erforderlich, die aber nicht zwingend durch eine Armbinde erfolgen muss. Sie muss lediglich „gut sichtbar" sein,

Überprüfung der Anforderungen?

Die Genehmigung von bestimmten Ordner:innen kann versagt werden, wenn diese Ordner:innen unzuverlässig oder ungeeignet sind. Dies wirft die Frage auf, ob und in welchem Umfang die Versammlungsbehörde die **Zuverlässigkeit überprüfen** dürfen.

Eine pauschale Verpflichtung zur Übermittlung von Namen ist abzulehnen, sie ergibt sich nicht aus dem Gesetz[162]. Das Versammlungsgesetz ermöglicht der Versammlung vielmehr bewusst einen Raum zur Selbstorganisation, um eine Entfaltung grundrechtlicher Freiheiten ohne staatliche Einflussnahme zu gewährleisten. Die Auswahl von Ordner:innen ist bei diesem Verständnis ein Recht der Versammlungsleitung, das durch eine Vorabkontrolle aller Ordner:innen beeinträchtigt würde. Es liegt nahe, dass sich gegebenenfalls weniger Personen als Ordner:innen zur Verfügung stellen werden, wenn dies mit der Übermittlung ihrer Daten an Behörden verbunden ist.

Darüber hinaus besteht objektiv **kein Bedürfnis** für eine solche Maßnahme. Zweifelt die Polizei daran, dass eine Ordnerin die gesetzlichen Voraussetzungen erfüllt, kann sie diese individuell um die Angabe ihrer Personalien bitten. Rechtsgrundlage für die Überprüfung ist in diesem Falle § 9 Abs. 1 VersG[163]. Es müssen aber nachvollziehbare Anhaltspunkte für einen Gesetzesverstoß vorhanden sein, die Polizei darf nicht verdachtsunabhängig kontrollieren.

---

162 VG Meiningen, Urteil vom 13.03.2012 – 2 K 348/11 Me; VG Gießen, Beschluss vom 30.07.2009 – 10 L 1583/09.GI.

163 Art. 4 Abs. 2 BayVersG; § 7 Abs. 2 VersFG BE; § 7 Abs. 2 NVersG; § 8 SächsVersG; § 8 VersammlG LSA; § 6 Abs. 2 VersFrhG LSA.

Bestehen im Vorfeld einer Versammlung tatsächliche Anhaltspunkte, dass die Versammlungsleitung die gesetzlichen Anforderungen an Ordner:innen nicht einhalten wird oder geht von der Auswahl der Ordner:innen sonst eine Gefahr aus, hat die Versammlungsbehörde weitere Reaktionsmöglichkeiten. Sie kann eine Auflage erlassen, nach der Ordner:innen verpflichtet sind, sich auf Verlangen der Polizei auszuweisen. Eine Auflage dieses Inhalts ist gegenüber der Übermittlung der Namen aller Ordner das mildere Mittel. Erscheint sie nicht ausreichend, kann in seltenen Fällen auch die Übermittlung einer Liste zulässig sein.

Die Versammlungsgesetze in Bayern und Niedersachsen enthalten besondere Regelungen, wonach die persönlichen Daten der Ordner:innen auf Anforderung der Versammlungsbehörde zu übermitteln sind (Art. 13 Abs. 6 BayVersG; § 5 Abs. 1 Satz 1 Nr. 3 NVersG). In Bayern kann eine Datenübermittlung nur in Bezug auf einzelne Ordner:innen verlangt werden, wenn Tatsachen die Annahme rechtfertigen, dass diese die Friedlichkeit der Versammlung gefährden. In Niedersachsen ist erforderlich, dass sie zur Abwehr einer Gefahr für die öffentliche Sicherheit erforderlich ist.

Ordner:innen, die als unzuverlässig oder ungeeignet „bekannt" sind darf die Versammlungsbehörde ablehnen[164]. Es müssen allerdings Tatsachen vorhanden sein, die eine Unzuverlässigkeit begründen, beispielsweise Gewalttaten im Kontext von Versammlungen.

---

164 Sächs. OVG, Beschluss vom 09.11.2001 – 3 BS 257/01.

§ 19 Abs. 3 VersG[165]

Vermag der Leiter sich nicht durchzusetzen, so ist er verpflichtet, den Aufzug für beendet zu erklären.

Werden die Anweisungen der Versammlungsleitung oder ihrer Ordner von den Teilnehmenden nicht befolgt und kommt es in der Folge zu unmittelbaren Gefahren, so ist die Versammlungsleitung zu einer Beendigung eines Aufzugs verpflichtet. Zuvor kann sie sich an die Polizei wenden, um den ordnungsgemäßen Ablauf wiederherstellen. Auch eine Unterbrechung des Aufzugs ist möglich, wenn auch in der Praxis eher selten.

Eine Beendigung auf der Grundlage von § 19 Abs. 3 VersG bewirkt, dass der versammlungsrechtliche Schutz entfällt. Die Polizei darf ab diesem Zeitpunkt Maßnahmen auf Grundlage der Polizeigesetze ergreifen, um Gefahren für die öffentliche Sicherheit oder Ordnung abzuwehren. Anders als bei einer zwangsweisen Auflösung einer stationären Versammlung durch die Polizei, sind die früheren Teilnehmenden nicht kraft Gesetzes verpflichtet, sich vom Versammlungsort zu entfernen. Die Polizei muss daher ggf. eigene Maßnahmen treffen, z. B. Platzverweise aussprechen.

165 § 19 Abs. 3 SächsVersG; § 17 Abs. 3 VersammlG LSA. In Bayern, Berlin, Niedersachsen und Schleswig-Holstein besteht eine vergleichbare Vorschrift nicht.

Einsatz von Zivilbeamtinnen und -beamten

> **§ 12 VersG**[166]
>
> Werden Polizeibeamte in eine öffentliche Versammlung entsandt, so haben sie sich dem Leiter zu erkennen zu geben. Es muß ihnen ein angemessener Platz eingeräumt werden.

In der Praxis werden nicht selten Zivilbeamt:innen auf Versammlungen eingesetzt, ohne dass die Versammlungsleitung hierüber in Kenntnis gesetzt wird. Dies widerspricht dem klaren Wortlaut des § 12 VersG, nach dem Beamtinnen und Beamte der Polizei eine gesetzliche **Legitimationspflicht** trifft.

> „Die Entsendung von Polizeibeamten in eine Versammlung soll nämlich nicht nur vor rechtswidrigen Handlungen abschrecken und eine sofortige Reaktion auf einen rechtswidrigen Versammlungsverlauf ermöglichen, sondern dient insbesondere auch dem Schutz der Versammlung vor Störungen von innen oder außen“[167].

---

166 § 11 Satz 2 NVersG; § 11 Abs. 2 Satz 1 SächsVersG. Eine vergleichbare Vorschrift fehlt in Sachsen-Anhalt und Schleswig-Holstein. In Bayern und Berlin genügt es, wenn sich die polizeiliche Einsatzleitung zu erkennen gibt (Art. 4 Abs. 3 Satz 2 BayVersG; § 11 Satz 2 VersFG BE).

167 Hess. VGH, Urteil vom 17.03.2011 – 8 A 1188/10.

Aus der Funktion der Legitimationspflicht folgt, dass sich Polizeibeamt:innen in Zivil **unaufgefordert** bei der Versammlungsleitung vorstellen müssen.

§ 12 VersG verlangt lediglich die Erkennbarkeit der Anwesenheit in die Versammlung entsandter Polizeibeamt:innen für die Versammlungsleitung. Daher ist nicht jeder einzelne Beamte oder jede einzelne Beamtin verpflichtet, sich bei der Versammlungsleitung vor einem Betreten der Versammlung persönlich vorzustellen. Ausreichend ist, wenn die Beamteneigenschaft durch die Uniform nach außen kundgetan wird.

> Es bietet sich an, die Polizei bereits zu Beginn einer Versammlung auf ihre Legitimationspflicht hinzuweisen und nachzufragen, ob Polizeibeamtinnen oder Polizeibeamte in ziviler Kleidung in die Versammlung entsandt werden (sollen).

Bisher in der Rechtsprechung nicht entschieden ist, ob für eine Entsendung ziviler Polizeibeamtinnen oder Polizeibeamter wegen des möglichen Einschüchterungseffekts zusätzlich eine konkrete Gefahr für die öffentliche Sicherheit oder Ordnung vorliegen muss[168]. Lediglich in Sachsen (§ 11 Abs. 1 SächsVersG) ist diese Voraussetzung auch gesetzlich normiert.

---

168 Der Hessische Verwaltungsgerichtshof hat dies im Ergebnis offen gelassen, vgl. Hess. VGH, Urteil vom 17.03.2011 – 8 A 1188/10.

Keine Legitimationspflicht soll für Polizeibeobachter in Zivil bestehen, die nicht zu versammlungsspezifischen Zwecken entsandt werden, sondern aus sonstigen Gründen der Gefahrenabwehr oder Strafverfolgung anwesend sind[169]. Angehörige anderer Behörden (z. B. Bundesamt oder Landesämter für Verfassungsschutz) sind nach dem Wortlaut des Gesetzes wohl ebenfalls nicht verpflichtet, ihre Anwesenheit offenzulegen. Gleiches gilt für V-Leute der Polizei oder der Verfassungsschutzbehörden.

In Bayern muss sich nur die Einsatzleitung zu erkennen geben, in Sachsen-Anhalt gibt es eine dem § 12 Satz 1 VersG vergleichbare Vorschrift nicht.

Die Versammlungsleitung muss Polizeibeamtinnen und Polizeibeamten einen angemessenen Platz einräumen. Welcher Platz „angemessen" ist, hängt vom Einzelfall ab. Die Polizei muss bei einem Einsatz tätig werden können, was allerdings nicht bedeutet, dass die Effektivität ihres Handelns uneingeschränkten Vorrang genießen würde. Vielmehr ist das öffentliche Interesse an einer effektiven Gefahrenabwehr stets mit den Interessen der Versammlung abzuwägen.

169 VG Göttingen, Urteil vom 06.11.2013 – 1 A 98/12.

Kameraüberwachung

> **§ 12a VersG**[170]
>
> (1) Die Polizei darf Bild- und Tonaufnahmen von Teilnehmern bei oder im Zusammenhang mit öffentlichen Versammlungen nur anfertigen, wenn tatsächliche Anhaltspunkte die Annahme rechtfertigen, daß von ihnen erhebliche Gefahren für die öffentliche Sicherheit oder Ordnung ausgehen. Die Maßnahmen dürfen auch durchgeführt werden, wenn Dritte unvermeidbar betroffen werden. [...]

Die Überwachung einer Versammlung mit Kameras ist der Polizei nicht ohne Weiteres erlaubt. Nach § 12a Abs. 1 VersG und den entsprechenden Regelungen in den Landesversammlungsgesetzen darf die Polizei Bild- und Tonaufnahmen von Teilnehmenden bei oder im Zusammenhang mit öffentlichen Versammlungen nur anfertigen, wenn **tatsächliche Anhaltspunkte** die Annahme rechtfertigen, dass **von ihnen erhebliche Gefahren** für die öffentliche Sicherheit oder Ordnung ausgehen. Zudem kann die Polizei einen Kameraeinsatz auch auf die Vorschriften der Strafprozessordnung stützen, wenn Straftaten oder Ordnungswidrigkeiten begangen werden bzw. wurden.

---

170 Art. 9 BayVersG; § 18 VersFG BE; § 17 NVersG; § 12 SächsVersG; § 18 VersammlG LSA; § 16 VersFrhG SH.

Kameraüberwachung kann einen Eingriff in die Versammlungsfreiheit darstellen. Dies ist unter anderem der Fall, wenn potenzielle Teilnehmende einer Versammlung abgeschreckt werden. Dies ist jedenfalls dann anzunehmen, wenn die Kameraüberwachung intensiv und nicht nur „flüchtig“ ist[171]. Unerheblich ist, ob die Aufnahmen gespeichert oder bloß in Echtzeit übertragen werden[172]. Denn von außen ist nicht erkennbar, ob Bilder lediglich an einen anderen Ort übertragen werden, vielmehr werden Teilnehmende in der Regel von einer Speicherung ausgehen. Liegen die Voraussetzungen des § 12a VersG nicht vor und ist auch keine andere Rechtsgrundlage einschlägig, ist ein Kameraeinsatz rechtswidrig. Dies gilt erst Recht, wenn der Kameraeinsatz das Ziel verfolgt, die Versammlung zu kontrollieren und durch den sogenannten „Chilling effect“ gefahrenpräventiv von befürchteten Straftaten abzuhalten[173].

> Die Versammlungsleitung sollte den Einsatz einer Kamera unverzüglich gegenüber der Polizei ansprechen und auf § 12a VersG hinweisen. Wird die Überwachung nicht eingestellt, sollte der Kameraeinsatz durch Fotos dokumentiert werden.

Zulässig ist, wenn die Polizei ein Kamerafahrzeug vor Ort vorhält, um die Kamera gegebenenfalls zur Gefahrenabwehr einsetzen zu können. Allerdings darf die Kamera dabei ersichtlich nur vorgehal-

---

171 OVG NRW, Beschluss vom 11.03.2020 – 15 A 1139/19.

172 OVG NRW, Beschluss vom 23.11.2010 – 5 A 2288/09.

173 VG Gelsenkirchen, Urteil vom 24.11.2020 – 14 K 5442/18.

ten werden, also z. B. versenkt oder von der Versammlung abgewandt[174].

Die Anforderungen des § 12a VersG gelten nicht nur auf der Versammlung, sondern auch **auf dem Weg** dorthin. Auch wenn das Polizeirecht im Vorfeld von Versammlungen grundsätzlich anwendbar ist (→ S. 136), muss die Versammlungsfreiheit berücksichtigt werden, sodass tatsächliche Anhaltspunkte für erhebliche Gefahren in Bezug auf gewichtige Rechtsgüter vorliegen müssen, um eine Videoüberwachung zu rechtfertigen[175].

In Bayern (Art. 9 Abs. 2 BayVersG), Berlin (§ 18 Abs. 2 VersFG BE), Niedersachsen (§ 17 Abs. 2 NVersG), Sachsen (§ 20 Abs. 2 SächsVersG) und Schleswig-Holstein (§ 16 Abs. 2 VersFrhG SH) ist der Polizei die Übertragung von **Übersichtsaufnahmen** erlaubt, wenn diese wegen der Größe oder der Unübersichtlichkeit der Versammlung im konkreten Einzelfall zur Lenkung und Leitung des Polizeieinsatzes erforderlich sind. Ob in anderen Bundesländern eine Beobachtung von Versammlungen mittels Videokameras zur Lenkung eines Polizeieinsatzes namentlich bei Großdemonstrationen zulässig ist, muss bezweifelt werden[176]. Übersichtsaufnahmen sind **nicht unbegrenzt zulässig**. Der Verfassungsgerichtshof Berlin hat festgestellt, dass Übersichtsaufnahmen zumindest eine **abstrakte Gefahrenprognose** erfordern[177].

---

174 OVG Niedersachsen, Urteil vom 24.09.2015 – 11 LC 215/14.

175 VG Lüneburg, Urteil vom 30.03.2004 – 3 A 116/02.

176 Anders aber das OVG NRW, das einen Grundrechtseingriff verneint, OVG NRW, Beschluss vom 23.11.2010 – 5 A 2288/09. Offen gelassen hat dies das OVG Rheinland-Pfalz, Urteil vom 05.02.2015 – 7 A 10683/14.

177 VerfGH Berlin, Urteil vom 11.04.2014 – VerfGH 129/13.

Ist die Beobachtung durch die Polizei intensiv und nicht nur flüchtig, beispielsweise wenn zentrale Teile der Versammlung gefilmt werden, handelt es sich nicht mehr um Übersichtsaufnahmen[178]. Liegen die Voraussetzungen des § 12a VersG nicht vor, ist die Beobachtung daher rechtswidrig, selbst wenn das Landesrecht Übersichtsaufnahmen ermöglicht.

Zugang zur und Abgang von der Versammlung

Versammlungen sind öffentlich, die Teilnehmenden müssen somit die Möglichkeit haben, zu ihnen zu gelangen und sich von ihnen zu entfernen. Die Teilnahme an einer Versammlung ist grundrechtlich geschützt, sie setzt einen ungehinderten Zugang voraus.

Im Sinne einer effektiven Durchführung der Versammlung ist die Polizei gehalten, eine abschreckende Wirkung zu vermeiden. Dazu gehört, dass der Kundgebungsort nicht ohne rechtfertigenden und die Verhältnismäßigkeit wahrenden Grund abgeriegelt werden darf, sei es durch vollständige Einschließung mit Polizeigittern oder indem die Polizei die Teilnehmenden nur „polizeilich begleitet" zum Versammlungsort gelangen lässt (→ S. 123).

Ist der Zugang zur Versammlung nicht ausreichend gewährleistet, beispielsweise wegen zahlreicher Absperrungen, sollte die Polizei hierauf frühzeitig angesprochen werden, auch um

178 OVG Rheinland-Pfalz, Urteil vom 05.02.2015 – 7 A 10683/14.

ggf. über die sozialen Netzwerke kommunizieren zu können, über welchen Weg die Versammlung erreicht werden kann.

Nicht ausgeschlossen ist, dass die Polizei den Zugang oder Abgang für eine kurze Zeit aus Gründen der Gefahrenabwehr unterbindet. Nicht zu rechtfertigen ist hingegen ein längerer Einschluss der Versammlung, es sei denn es liegen die Voraussetzungen für strafprozessuale Maßnahmen gegenüber den Eingeschlossenen vor (→ S. 136).

Namensnennung von Rednerinnen und Rednern

Für eine Pflicht zur Nennung der Namen von Rednerinnen und Rednern fehlt es an einer Rechtsgrundlage im Versammlungsgesetz. Eine Redner:innenliste kann wegen des Zensurverbots jedenfalls dann nicht verlangt werden, wenn keine konkreten Anhaltspunkte bestehen, dass durch Äußerungen einer Rednerin/eines Redners die öffentliche Sicherheit unmittelbar und nennenswert gefährdet würde[179] Sie kann allenfalls durch eine Auflage begründet werden, wenn die Voraussetzungen des § 15 Abs. 1 VersG[180] vorliegen. Unzulässig ist auch eine Verpflichtung, beabsichtigte Redebeiträge vorab bei der Behörde vorzulegen.

179 VG Würzburg, Urteil vom 19.12.2013 – W 5 K 13.265

180 Art. 9 BayVersG; § 18 VersFG BE; § 17 NVersG; § 12 SächsVersG; § 18 VersammlG LSA; § 16 VersFrhG SH.

Lautsprecher

Der Einsatz von Lautsprechern oder Megafonen ist bei Versammlungen üblich und daher erlaubt. Die Lautstärke darf aber keine Gesundheitsgefährdung der Teilnehmenden und unbeteiligter Personen (z. B. Anwohner/innen) darstellen. Dafür greifen die Behörden zumeist auf technische Regelwerke zurück (→ S. 113).

Zu beachten ist, dass Lautsprecher als Mittel der **Außenkommunikation** nicht nur die eigene Versammlung beschallen müssen. Dies würde dem Zweck der Versammlung, auf die öffentliche Meinungsbildung einzuwirken, nicht entsprechen. Versammlungen sollen gerade auch Personen erreichen, die nicht an der Versammlung teilnehmen.

Wird allerdings eine andere Versammlung durch den Einsatz von Lautsprechern gestört, kann die Polizei geeignete Maßnahmen ergreifen, um die widerstreitenden Interessen in Einklang zu bringen. Ist mit dem Lautsprechereinsatz eine grobe Störung der anderen Versammlung beabsichtigt, kann dies nach § 21 VersG[181] strafbar sein.

Flugblätter

Flugblätter sind typische Hilfsmittel, sie dürfen auf Versammlungen verwendet werden. Das Verteilen politischer Flugblätter bedarf **kei-**

---

181 Art. 20 Abs. 1 Nr. 2 BayVersG; § 20 Abs. 1 Nr. 2 NVersG; § 20 VersammlG LSA. Differenzierung, ob Gewalttätigkeiten oder Drohung mit solchen vorliegen in Berlin und Schleswig-Holstein, § 27 Abs. 1 Nr. 3 VersFG BE; § 24 Abs. 1 Nr. 3 VersFrhG SH.

ner Sondernutzungserlaubnis, auch muss die Ordnungsbehörde nicht im Vorfeld informiert werden.

Die Pressegesetze der Länder schreiben vor, dass Druckerzeugnisse, zu denen auch politische Flugblätter zählen, mit einem **Impressum** zu versehen sind. Jedes Flugblatt muss eine natürliche Person als Verantwortlichen und eine Postanschrift benennen. Ausreichend wäre also folgende Angabe:

V.i.S.d.P.: Max Mustermann, Initiative „Musterstadt ist bunt!", Friedrich-Ebert-Straße 1, Musterstadt

Flugblätter sind wie Lautsprecher Mittel der Außenkommunikation, mit denen das Anliegen (auch) über die Versammlung hinaus transportiert werden soll. Eine Beschränkung, nach der Flugblätter nur auf der Versammlung verteilt werden dürften, gibt es entgegen der Auffassung mancher Polizeibehörden nicht. Passantinnen und Passanten ein Flugblatt anzubieten ist daher erlaubt, auch sie anzusprechen ist nicht verboten.

Fotos auf Versammlungen

> **§ 23 KunstUrhG**
>
> (1) Ohne die nach § 22 erforderliche Einwilligung dürfen verbreitet und zur Schau gestellt werden:
>
> 1. Bildnisse aus dem Bereiche der Zeitgeschichte; [...]
>
> 3. Bilder von Versammlungen, Aufzügen und ähnlichen Vorgängen, an denen die dargestellten Personen teilgenommen haben; [...]

Auf Versammlungen darf grundsätzlich fotografiert werden, wobei grundsätzlich nicht von Belang ist, ob abgelichtete Personen ihre Einwilligung erteilt haben. Daran hat auch die europäische Datenschutzgrundverordnung (DSGVO) nichts geändert. Für Journalistinnen und Journalisten sehen die Pressegesetze der Länder bzw. der Rundfunkstaatsvertrag weitreichende Ausnahmen von dem Erfordernis einer datenschutzrechtlichen Einwilligung vor. Auf Privatpersonen ist die DSGVO ohnehin nicht anwendbar.

Privatpersonen wie auch Polizeibeamtinnen und Polizeibeamte dürfen fotografiert und gefilmt werden. Die Beamtinnen und Beamten dürfen erst dann einschreiten, wenn Anhaltspunkte dafür bestehen, dass Aufnahmen rechtswidrig veröffentlicht werden sollen oder sonst Gefahren für die öffentliche Sicherheit oder Ordnung bestehen. Insbesondere bei **Journalistinnen und Journalisten** wird dies regelmäßig nicht anzunehmen sein. Das Bundesverwaltungsgericht[182] hat die besondere Bedeutung der Pressefreiheit herausgestellt:

> „Wird ein Journalist daran gehindert, eine Photoaufnahme zu tätigen, wird insoweit irreversibel in sein Recht auf Pressefreiheit (Art. 5 Abs. 1 Satz 2 GG) eingegriffen. Dies kann in der Regel nicht hingenommen werden. Insbesondere kann diese Rechtsbeeinträchtigung nicht auf die Erwägung gestützt werden, die Wortberichterstattung bleibe auch dann möglich, wenn die Bildberichterstattung vereitelt werde. Denn es kommt nicht der Polizei gegenüber der Presse zu, zu entscheiden, welche Form der Berichterstattung erfolgen soll und welcher Art von vorbereitender Recherche es demgemäß bedarf. Verhältnismäßig ist es in einem solchen Fall daher in der Regel nicht, die durch den Journalisten beabsichtigte Photoaufnahme selbst zu verhindern, sondern nur, Vorkehrungen für die befürchtete anschließende Verletzung eines Rechtsgutes durch den Gebrauch des Bildes zu treffen."

Polizeiliche Maßnahmen sind also entgegen der landläufigen Meinung nicht bereits erlaubt, wenn Porträtaufnahmen gefertigt wer-

---

182 BVerwG, Urteil vom 28.03.2012 – BVerwG 6 C 12.11.

den. Zwar wird bei solchen Aufnahmen stets eine Abwägung erfolgen müssen. Die Vorlage eines Presseausweises sollte ausreichen, um bestehende Zweifel auszuräumen.

Problematisch ist in diesem Zusammenhang die immer wieder anzutreffende Aufforderung der Polizei, Fotoaufnahmen gemeinsam durchzusehen. Die Pressefreiheit schützt die Tätigkeit von Journalistinnen und Journalisten umfassend, auch das von ihnen angefertigte Material.

Verlangt die Polizei, angefertigtes Material durchzusehen, sollten Namen und Dienststellen der handelnden Beamtinnen bzw. Beamten erfragt werden. Ferner sollten sie um eine Begründung gebeten werden. Hingewiesen werden sollte auf die Rechtsprechung des Bundesverwaltungsgerichts, nach der eine Verständigung über „ob" und „wie" der Veröffentlichung vorrangig ist.

Nicht erlaubt ist ein aufdringliches Abfotografieren oder das Stören einer polizeilichen Maßnahme. Auch hier ist aber die Pressefreiheit zu berücksichtigen, sodass nicht bereits ausreicht, dass sich die Beamtinnen und Beamten durch die bloße Anwesenheit von Pressevertreterinnen und Pressevertretern gestört fühlen. Es braucht vielmehr greifbarer Beeinträchtigungen von Persönlichkeitsrechten oder der polizeilichen Aufgabenerfüllung, um Maßnahmen zu rechtfertigen.

Nicht selten verweisen Beamtinnen und Beamten darauf, dass die Aufnahme des nicht öffentlich gesprochenen Wortes nach § 201 Abs. 1 Nr. 1 StGB strafbar ist. Die Anfertigung von Fotoaufnahmen erfüllt diesen Tatbestand nicht. Nicht erlaubt sind lediglich **Audioaufnahmen**. Auch diese können zulässig sein, wenn das gesprochene Wort öffentlich ist. Bei einer Diensthandlung auf einer Versammlung wird dies häufig der Fall sein, Gespräche einer abgrenzbaren Gruppe (z. B. ein Beamter und eine Demonstrierende) dürfen hingegen nicht verdeckt mitgeschnitten werden.

Zwischen **Anfertigung** und **Veröffentlichung** von Foto- und Videoaufnahmen ist streng zu unterscheiden, denn die Anfertigung unterliegt anderen rechtlichen Grundsätzen als die Veröffentlichung.

Die Veröffentlichung von Aufnahmen, auf denen Personen abgebildet sind, bedürfen nach § 22 Satz 1 KunstUrhG wegen des Rechts am eigenen Bild einer Einwilligung.

Ausnahmen von diesem Grundsatz sind in § 23 Abs. 1 KunstUrhG geregelt. Werden Teilnehmende von Versammlungen fotografiert oder gefilmt, dann dürfen diese Aufnahmen nach § 23 Abs. 1 Nr. 3 KunstUrhG veröffentlicht werden. Voraussetzung ist, dass die Versammlung im Vordergrund steht, Porträtaufnahmen sind hingegen grundsätzlich nicht erlaubt. Auffällige Personen, die beispielsweise auffällige Schilder tragen oder kostümiert sind, können möglicherweise als zeitgeschichtliches Ereignis nach § 23 Abs. 1 Nr. 1 KunstUrhG veröffentlicht werden, nicht aber x-beliebige Teilnehmende.

Nach Auffassung des VG Gelsenkirchen soll die Gefahr, dass Gegendemonstranten unter Verstoß gegen die Vorgaben des KunstUrhG abgelichtet werden, ein Fotografierverbot rechtfertigen[183]. Dies erscheint zweifelhaft, über die Klage in der Hauptsache ist noch nicht entschieden.

Polizeibeamtinnen und Polizeibeamte sind keine Teilnehmenden von Versammlungen. Üben sie allerdings Diensthandlungen und damit staatliche Gewalt aus, wird dies gegebenenfalls ein zeitgeschichtliches Ereignis darstellen. In diesem Falle ist eine Veröffentlichung zulässig.

Schutzwaffen- und Vermummungsverbot

§ 17a VersG[184]

(1) Es ist verboten, bei öffentlichen Versammlungen unter freiem Himmel, Aufzügen oder sonstigen öffentlichen Veranstaltungen unter freiem Himmel oder auf dem Weg dorthin Schutzwaffen oder Gegenstände, die als Schutzwaffen geeignet und den Um-

183 VG Gelsenkirchen, Beschluss vom 09.01.2020 – 14 L 23/20.

184 Art. 16 BayVersG; § 19 VersFG BE, § 9 NVersG; § 17 SächsVersG; § 15 VersammlG LSA; § 17 VersFrhG SH.

ständen nach dazu bestimmt sind, Vollstreckungsmaßnahmen eines Trägers von Hoheitsbefugnissen abzuwehren, mit sich zu führen.

(2) Es ist auch verboten,

1. an derartigen Veranstaltungen in einer Aufmachung, die geeignet und den Umständen nach darauf gerichtet ist, die Feststellung der Identität zu verhindern, teilzunehmen oder den Weg zu derartigen Veranstaltungen in einer solchen Aufmachung zurückzulegen,

2. bei derartigen Veranstaltungen oder auf dem Weg dorthin Gegenstände mit sich zu führen, die geeignet und den Umständen nach dazu bestimmt sind, die Feststellung der Identität zu verhindern.

(3) Die Absätze 1 und 2 gelten nicht, wenn es sich um Veranstaltungen im Sinne des § 17 handelt. Die zuständige Behörde kann weitere Ausnahmen von den Verboten der Absätze 1 und 2 zulassen, wenn eine Gefährdung der öffentlichen Sicherheit oder Ordnung nicht zu besorgen ist.

(4) Die zuständige Behörde kann zur Durchsetzung der Verbote der Absätze 1 und 2 Anordnungen treffen. Sie kann insbesondere Personen, die diesen Verboten zuwiderhandeln, von der Veranstaltung ausschließen.

Das Verbot von „Schutzbewaffnung" und „Vermummung" wurde erst 1985 in das Versammlungsgesetz des Bundes aufgenommen, seit 1989 können Verstöße als Straftaten geahndet werden. Unter dem damaligen CSU-Innenminister wurde das Versammlungsrecht gegen den Widerstand der SPD deutlich verschärft. Mittlerweile sind die Verbote gesellschaftlich weitgehend akzeptiert, das macht sie allerdings nicht weniger problematisch. Denn zum einen sind sie sehr weitgehend und zum anderen sind sie überaus unbestimmt. Wer sich im Winter einen Schal zum Schutz vor Kälte in das Gesicht zieht oder als Sportler nach dem Training einen Mundschutz in der Tasche hat, kann bereits mit einem Ermittlungsverfahren konfrontiert sein. Rechtlich ist die Abgrenzung von erlaubten Verhaltensweisen und strafbarem Handeln kompliziert, Bürger:innen können kaum erkennen, was ihnen verboten ist und was nicht.

Das Vermummungsverbot untersagt letztlich, anonym zu demonstrieren. Dabei kann es gute Gründe geben, seine Meinung kundtun zu wollen, ohne dabei erkannt zu werden. Ein eindrückliches Beispiel hierfür war eine Demonstration schwuler Lehrer 1974 in Berlin, die sich gegen die Entlassung eines Kollegen wegen seiner Homosexualität richtete. Die Teilnehmer der Versammlung hatten ihre Gesichter mit Laken „vermummt“, die sie mit der Aufschrift „Lehrer“ versehen hatten. Wären sie dazu gezwungen worden, ihr Gesicht zu zeigen, hätte dies ihre berufliche Existenz bedroht.

Schutzwaffen

Das Versammlungsgesetz verbietet in § 17a Abs. 1 VersG das Mitführen von „**Schutzwaffen**“ auf Versammlungen. Der Begriff der Schutzwaffe ist irreführend, weil Waffen dazu bestimmt sind, Verletzungen herbeizuführen, während Helme, Schutzwesten und Protektoren im Gegenteil vor Verletzungen schützen sollen. Die gesetzliche Regelung soll die Effektivität polizeilicher Maßnahmen sicherstellen. Darüber hinaus heißt es in der Gesetzesbegründung: „Teilnehmer, die solche Schutzwaffen mit sich führen, dokumentieren aufgrund ihres martialischen Erscheinungsbildes eine offenkundige Gewaltbereitschaft und üben auf die Menge nach massenpsychologischen Erkenntnissen eine aggressionsstimulierende Wirkung aus.“[185] In dieser Schlichtheit dürfte dies jedoch nicht zutreffen. Es wird nicht das „martialische Auftreten“ einem Verbot unterworfen, sondern der Schutz vor Verletzungen.

Dem Schutzwaffenverbot unterliegen Schutzschilde, Panzerungen und ähnliche Gegenstände aus dem polizeilichen oder militärischen Bereich. Da gesetzlich auch solche Gegenstände verboten sind, die als Schutzwaffen geeignet sind, fallen auch **Alltagsgegenstände** wie Fahrradhelme oder ein Mundschutz darunter[186]. Die Abgrenzung, wann ein Gegenstand eine Schutzwaffe darstellt, ist überaus schwie-

185 BT-Drs. 10/3580, S. 4.

186 OLG Frankfurt am Main, Urteil vom 11.04.2011 – 2 Ss 36/11.

rig und birgt eine große Unsicherheit für Demonstrierende. Unter Juristinnen und Juristen sind das Schutzwaffen- wie auch das Vermummungsverbot umstritten, weil sie zu unbestimmt sind und vergleichsweise harmlose Verstöße zu massiven Maßnahmen der Polizei führen können.

Ein Gegenstand kommt nur dann als Schutzwaffe in Betracht, wenn er zumindest potenziell in gewissem Maße geeignet ist, für einen Schutz zu sorgen. Das OLG Hamm hat eine solche Eignung beispielsweise für die Verwendung einer Plastikfolie zum Schutz vor Pfefferspray angenommen[187].

Probleme bereitet die Frage, wann Gegenstände dazu bestimmt sind, Vollstreckungsmaßnahmen abzuwehren. Erforderlich ist der erkennbare Wille, den Gegenstand als Schutzwaffe zu verwenden, um der Anwendung unmittelbaren Zwangs widerstehen zu können[188]. Von außen ist allerdings nur schwer zu erkennen, ob ein Versammlungsteilnehmer, der einen Helm mit sich führt, weil er mit dem Fahrrad angereist ist, auch die Absicht hat, diesen als Schutzwaffe einzusetzen. Das OLG Hamm weist außerdem zutreffend darauf hin, dass Gegenstände zum Schutz vor Verletzungen, durch gewalttätige Versammlungsteilnehmer:innen oder die „Streuwirkung" von gegen andere Demonstrationsteilnehmenden gerichteten Polizeieinsätzen, möglicherweise nicht von dem Verbot erfasst sein könnten[189].

---

187 OLG Hamm, Beschluss vom 19.04.2016 – 1 RVs 20/16.

188 OLG Hamm, Beschluss vom 20.11.2012 – 4 RVs 113/12.

189 OLG Hamm, Beschluss vom 19.04.2016 – 1 RVs 20/16.

Nicht strafbar macht sich daher, wer als „Schutzwaffen" geeignete Gegenstände mit sich führt, wenn nicht beabsichtigt ist, sie zur Abwehr von Vollstreckungsmaßnahmen zu nutzen. **Journalistinnen und Journalisten** beispielsweise dürfen sich bei zu erwartenden gefährlichen Situationen mit einem Helm schützen. Zu empfehlen ist, die fehlende Absicht durch sichtbares Tragen des Presseausweises oder eine Kennzeichnung mit der Aufschrift „Presse" an der Kleidung zu dokumentieren. In Bezug auf **„Demosanitäter/innen"** hat das LG Berlin angenommen, dass ein Helm nicht gegen das Schutzwaffenverbot verstößt, weil Behandlungssituationen oftmals auch unter riskanten Bedingungen durchgeführt müssen[190].

Die Schutzwaffe muss auf einer Versammlung oder auf dem Weg dorthin mitgeführt werden.

Mitführen bedeutet, dass der Betreffende die tatsächliche Gewalt über die Schutzwaffe ausübt und diese körpernah zur jederzeitigen Verwendung trägt. Problematisch sind Fälle, in denen der Gegenstand erst nach einiger Zeit zum Einsatz bereit ist, beispielsweise weil er in einem Rucksack verstaut war.

Auf dem Weg befindet sich jeder, der sich zielgerichtet auf den Ort der Veranstaltung zubewegt[191].

---

190 LG Berlin, Urteil vom 14.09.2018 – (576) 231 Js 2356/17 Ns (28/18).

191 BayObLG, Beschluss vom 10.05.1994 – 4St RR 57/94.

Für die Beurteilung, ob eine **Vermummung** vorliegt, kommt es darauf an, dass die Vermummung objektiv geeignet und den Umständen nach darauf gerichtet ist, die Feststellung der Identität durch die Strafverfolgungsbehörden zu verhindern[192].

Zur Vermummung **geeignet** sind alle möglichen Gegenstände, mit denen das Gesicht verdeckt werden kann, beispielsweise Schals, Schlauchtücher, Sonnenbrillen, Masken, Kapuzen und viele mehr. Transparente verstoßen, selbst wenn sie als Sichtschutz genutzt werden, nicht gegen das Vermummungsverbot, weil sie keine „Aufmachung" im Sinne des Versammlungsgesetzes darstellen[193].

Erforderlich ist eine **Absicht zur Identitätsverschleierung** gegenüber den Behörden. Sie liegt nicht vor, wenn Polizei oder der Versammlungsbehörde die Identität des Betroffenen bereits bekannt ist. Erfolgt eine Vermummung zu dem Zweck, sich vor fotografierenden politischen Gegnern zu schützen, liegt kein Verstoß vor. Gleiches gilt, wenn anderweitige Repressalien gewaltbereiter Gegendemonstrantinnen und Gegendemonstranten befürchtet werden[194].

Ob eine Absicht vorliegt, die Identität zu verschleiern, ist anhand der Gesamtumstände zu ermitteln. Dies ist wie bei Schutzwaffen im Einzelfall überaus schwierig, sodass im Falle eines Ermittlungsverfah-

---

192 LG Hannover, Urteil vom 20.01.2009 – 62 c 69/08; AG Wuppertal, Beschluss vom 02.12.2015 – 25 Ds-521 Js 17/15-68/15; für eine unbeschränkte Geltung hingegen: KG Berlin, Urteil vom 07.10.2008 – (4) 1 Ss 486/07 (286/07); OLG Dresden, Beschluss vom 23.09.2013 – 2 OLG 21 Ss 693/13.

193 Sächs. OVG, Urteil vom 31.05.2014 – 3 A 199/17.

194 LG Hannover, Urteil vom 20.01.2009 – 62 c 69/08.

rens sorgsam alle Umstände einzubeziehen sind, die für oder gegen eine entsprechende Absicht sprechen.

Hier gilt dasselbe wie bei Schutzwaffen (→ S. 173). Die Atemmaske eines **„Demosanitäters“** erfüllt nicht den Tatbestand der Vermummung, wenn sie aus Gründen der Hygiene und zum Schutz vor Luftverschmutzungen wie Rauch getragen wird. Gegen eine Absicht zur Verschleierung der Identität kann ferner eine auffällige Schutzkleidung sprechen oder wenn sich die/der Betroffene vor Beginn der Versammlung bei der Polizei anmeldet[195]. Eine solche eindeutige Kleidung wie auch eine Anmeldung bei der Polizei ist in jedem Falle zu empfehlen.

Steht die Aufmachung in einem **thematischen Zusammenhang** mit der Versammlung, ist dies durch die Versammlungsfreiheit geschützt.

Tiermasken gegen die Patentierung von Leben oder Masken von Politikern bezwecken die Kommunikation des Anliegens der Versammlung. Mit einer solchen Aufmachung soll im Regelfall nicht die Feststellung der Identität verhindert werden. Gleiches gilt für Schminke bei einem Straßentheater oder

195 LG Berlin, Urteil vom 14.09.2018 – (576) 231 Js 2356/17 Ns (28/18).

eine das Gesicht verdeckende Arbeitskleidung bei der Kundgebung einer Gewerkschaft. Derartige Handlungen verstoßen nicht gegen das Vermummungsverbot.

Ausnahmen

Gesetzlich von den Verboten des § 17a Abs. 1 und 2 VersG ausgenommen sind Gottesdienste unter freiem Himmel, kirchliche Prozessionen, Bittgänge und Wallfahrten, gewöhnliche Leichenbegängnisse, Züge von Hochzeitsgesellschaften und hergebrachte Volksfeste. Bei diesen dürfte allerdings bereits keine Absicht bestehen, die Identität gegenüber der Polizei zu verschleiern.

Ausschluss störender Teilnehmer:innen

§ 18 VersG[196]

(3) Die Polizei kann Teilnehmer, welche die Ordnung gröblich stören, von der Versammlung ausschließen.

Ein **Ausschlussrecht** gegenüber Teilnehmenden steht bei Versammlungen unter freiem Himmel nur der Polizei zu. Der Versammlungsleitung steht **kein „Hausrecht“** zu. Die Leiterin bzw. der Leiter und

196 Art. 15 Abs. 5 BayVersG; § 7 Abs. 4 VersFG BE; § 10 Abs. 3 NVersG; § 10 SächsVersG; § 16 Abs. 3 VersammlG LSA; § 6 Abs. 4 VersFrhG SH.

auch die Ordner:innen dürfen selbst störende oder nicht erwünschte Personen nicht aus der Versammlung entfernen, erst Recht nicht gewaltsam. In Berlin steht der Versammlungsleistung das Ausschlussrecht zu, wobei die Durchsetzung auch hier der Polizei obliegt.

Der Ausschluss von einer Versammlung setzt eine „gröbliche“ bzw. „erhebliche“[197] Störung voraus. Erlaubt ist eine kritische Teilnahme, nicht hingegen mehrfache Zwischenrufe, wenn die Person von der Versammlungsleitung oder Ordner:innen mehrfach aufgefordert wurde, diese zu unterlassen.

Führt die Anwesenheit von Personen zu einer Störung des Ablaufs der Versammlung, beispielsweise weil andere Teilnehmende ihren Unmut kundtun, wird die Polizei gegebenenfalls dazu verpflichtet sein, einen Ausschluss vorzunehmen.

Die Versammlungsleitung sollte für den Fall, dass eine Person aus der Versammlung ausgeschlossen werden soll, gegenüber der Polizei mögliche Gefahrenszenarien aufzeigen. Sie sollte klarstellen, dass sie einen Ausschluss aussprechen würde, wegen der fehlenden rechtlichen Befugnis die Verantwortung für etwaige Vorfälle aber ausschließlich bei der Polizei liegt.

197 Art. 15 Abs. 5 BayVersG; § 7 Abs. 4 Satz 1 VersFG BE; § 10 Abs. 2 Nr. 2 VersG; § 6 Abs. 4 VersFrhG SH.

Wer aus der Versammlung ausgeschlossen wird, hat sie zu verlassen. Eine Zuwiderhandlung gegen die Pflicht, sich zu entfernen, stellt gem. § 29 Abs. 1 Nr. 2 VersG eine Ordnungswidrigkeit dar[198].

Mit dem Ausschluss steht die betroffene Person nicht mehr unter dem Schutz des Versammlungsrechts, sodass die Polizei ihr gegenüber das allgemeine Polizeirecht anwenden kann. Eine Ingewahrsamnahme, z. B. durch einen Polizeikessel, ist aber nur zulässig, wenn Gefahren für hochrangige Rechtsgüter bestehen (→ S. 183).

Exkurs: Ausschlussrecht in geschlossenen Räumen

§ 6 VersG[199]

(1) Bestimmte Personen oder Personenkreise können in der Einladung von der Teilnahme an einer Versammlung ausgeschlossen werden.

(2) Pressevertreter können nicht ausgeschlossen werden; sie haben sich dem Leiter der Versammlung gegenüber durch ihren Presseausweis ordnungsgemäß auszuweisen.

---

198 Art. 21 Abs. 2 Nr. 1 BayVersG; § 21 Abs. 1 Satz 1 Nr. 12 NVersG; § 30 Abs. 1 Nr. 6 SächsVersG; § 28 Abs. 1 Nr. 7 VersammlG LSA; § 24 Abs. 1 Nr. 8 VersFrhG SH.

199 Art. 10 Abs. 1 BayVersG; § 21 Abs. 1 VersFG BE; § 13 Abs. 2 NVersG; § 5 Abs. 1 SächsVersG; § 5 Abs. 1 VersammlG LSA; § 19 Abs. 1 VersFrhG SH.

Der Ausschluss bestimmter Personengruppen bei Versammlungen in geschlossenen Räumen (z. B. „Personen, die rechtsextremen Parteien oder Organisationen angehören, der rechtsextremen Szene zuzuordnen sind“) nimmt einer Versammlung hingegen noch nicht den öffentlichen Charakter. Hier ist das Versammlungsgesetz anzuwenden.

Zu beachten ist, dass im Falle einer öffentlichen Einladung ohne eine entsprechende Beschränkung des Kreises der gewünschten Teilnehmenden auch Personen einen Zugang zu einer Versammlung haben, die möglicherweise unerwünscht sind. Wenn beispielsweise Provokationen durch Angehörige der rechten Szene nicht auszuschließen sind, empfiehlt es sich, diese Gruppe im Vorfeld von der Veranstaltung auszuschließen (Mustertext → S. 189).

Der Ausschluss muss in der **Einladung** erfolgen; ob er nachgeholt werden kann, ist unklar. In jedem Fall muss ein nachträglicher Ausschluss auf dieselbe Weise kundgetan werden wie die ursprüngliche Einladung[200]. Ein Ausschluss von Personen wegen ihrer Abstammung, Rasse, Sprache oder wegen ihres Glaubens ist unzulässig.

Nicht ausgeschlossen werden können ferner **Polizeibeamtinnen und Polizeibeamte**. Sie müssen sich allerdings auch dann, wenn sie in Zivil an der Veranstaltung teilnehmen, der Versammlungsleitung namentlich unter Vorzeigen des Dienstausweises und gleichzeitiger Bekanntgabe ihres Auftrags, mit dem sie von der Behörde in die Versammlung entsandt werden, zu erkennen geben[201].

---

200 VG Köln, Urteil vom 29.10.2009 – 20 K 3250/08.

201 Bay. VGH, Urteil vom 15.07.2008 – 10 BV 07.2143.

Bislang rechtlich nicht abschließend geklärt ist, ob Angehörige anderer Behörden, vor allem der **Verfassungsschutzbehörden**, bei einer Versammlung anwesend sein dürfen und ob sie sich der Versammlungsleitung zu erkennen zu geben haben.

An dieser Stelle ist klarzustellen, dass in geschlossenen Räumen der Versammlungsleitung das Ausschlussrecht zusteht, nicht der Polizei. Die Ausübung des Hausrechts ist aber eingeschränkt, weil nur Personen ausgeschlossen werden dürfen, die den Ablauf „gröblich stören". Wer aus der Versammlung ausgeschlossen wird, hat sie sofort zu verlassen. Kommt die/der Ausgeschlossene seiner Entfernungspflicht nicht nach, handelt sie/er ordnungswidrig. Bei Versammlungen unter freiem Himmel steht das Ausschlussrecht in der Regel der Polizei zu (→ S. 176).

Der Versammlungsleitung und Ordner:innen stehen, abgesehen von Fällen der Notwehr, keine Zwangsbefugnisse zu, um von der Versammlung ausgeschlossene Personen zu entfernen. Sie müssen hierfür die Polizei um Hilfe bitten.

Pressevertreter:innen können von öffentlichen Versammlungen in geschlossenen Räumen nicht ausgeschlossen werden. Nur wenn die Versammlungen sich an einen bestimmten Personenkreis richten, besteht wegen der fehlenden Öffentlichkeit kein Zugangsrecht.

Ende der Versammlung

Vor Beginn der Versammlung spricht man vom Verbot, danach von ihrer Auflösung durch die Polizei oder ihrer Beendigung durch die Versammlungsleitung.

Die Beendigung ist im Ausgangspunkt ein Recht der Versammlungsleitung, sie kann sich aber zu einer Pflicht verdichten, wenn sie sich nicht durchzusetzen vermag, die Ordnung also nicht aufrechterhalten kann. Mit der Kundgabe, dass die Versammlung beendet ist, wird die Versammlungsleitung von ihrer Verantwortung frei. Die Versammlung verliert den versammlungsrechtlichen Schutz, die Teilnehmenden haben sich zu entfernen (→ S. 183) und die Polizei kann polizeirechtlich gegen Störer:innen vorgehen.

Eine Versammlung kann aufgelöst werden, wenn die Voraussetzungen für ein Verbot (→ S. 102) vorliegen. Dazu müssen alle Möglichkeiten, die Versammlung mittels Strategien der Kooperation und Deeskalation fortzuführen, ausgeschöpft sein.

Entgegen dem Wortlaut des § 15 Abs. 3 VersG darf eine Versammlung nicht allein deswegen aufgelöst werden, weil die Anmeldepflicht verletzt wurde. Vielmehr muss es infolge der Nichtanmeldung zu einer Gefährdung der öffentlichen Sicherheit oder Ordnung gekommen sein[202]. Bei Spontanversammlungen (→ S. 54) greift die Anmeldepflicht ohnehin nicht.

202 BVerfG, Beschluss vom 14.05.1985 – 1 BvR 233, 341/81 – Brokdorf.

Eine Auflösung ist hingegen möglich, wenn erheblich von den Angaben in der Anmeldung abgewichen oder gegen Auflagen verstoßen wird. Zu beachten ist aber der Grundsatz der Verhältnismäßigkeit. Gegebenenfalls hat die Polizei der Leiterin/dem Leiter durch eine Unterbrechung der Versammlung die Gelegenheit zu geben, für Ordnung zu sorgen. Einzelne Verstöße von Teilnehmenden können gegebenenfalls deren Ausschluss aus der Versammlung rechtfertigen (→ S. 176), nicht aber die Auflösung der Versammlung.

Mit der Auflösung durch die Polizei **entfällt der versammlungsrechtliche Schutz**. In der Folge ist das Versammlungsgesetz nicht mehr anwendbar, die Polizei kann Maßnahmen nunmehr nach dem allgemeinen Polizeirecht treffen, wenngleich die Versammlungsfreiheit nachwirkt und daher zu berücksichtigen ist (→ S. 41). Die Auflösung entzieht den Teilnehmenden auch dann den versammlungsrechtlichen Schutz, wenn sie rechtswidrig erfolgt. Nur wenn sie ausnahmsweise an einem besonders schweren Fehler leidet und aus diesem Grunde nichtig ist, bleibt es beim Vorrang des Versammlungsgesetzes.

Wegen ihrer einschneidenden Folgen für die Versammlung, muss die Auflösungsverfügung **eindeutig und unmissverständlich** formuliert sein und für die Betroffenen erkennbar zum Ausdruck bringen, dass die Versammlung aufgelöst ist[203]. Sie kann nicht durch „schlüssiges Verhalten" der Polizei wie z. B. die Bildung einer Polizeikette, Auf-

203 BVerfG, Beschluss vom 26.10.2004 – 1 BvR 1726/01.

stellung von Absperrgittern oder den Einsatz polizeilicher Schlagwerkzeuge ersetzt werden[204].

Mit der Auflösung trifft die Teilnehmenden nach die Pflicht, sich unverzüglich vom Versammlungsort **zu entfernen**. Die Auflösung bezweckt insoweit, die Personenansammlung zu zerstreuen. Hieraus ist zu folgern, dass eine Einschließung der früheren Teilnehmenden in einem **Polizeikessel** nur in Ausnahmefällen zulässig sein kann. Eine präventive Einkesselung ist nur rechtmäßig, wenn durch das Entfernen voraussichtlich Gefahren für hochrangige Rechtsgüter entstehen würden. Dient die Einkesselung hingegen der Identifizierung von Straftätern, muss gegenüber den Eingeschlossenen ein strafrechtlicher Anfangsverdacht bestehen (→ S. 136). Bei Aufzügen besteht eine gesetzliche Entfernungspflicht nicht, die Polizei muss daher ggf. polizeirechtliche Maßnahmen treffen.

Nach der Auflösung einer Versammlung ist es allerdings möglich, dass sich **spontan eine neue Versammlung** bildet, die dann wiederum unter dem Schutz des Versammlungsrechts steht.

> Nach einer mit Zwang durchgesetzten Versammlungsauflösung demonstriert ein Teil der früheren Teilnehmenden friedlich gegen Polizeigewalt.

204 OVG Berlin, Beschluss vom 17.12.2002 – 8 N 129.02; OLG Celle, Beschluss vom 23.06.2005 – 22 W 32/05.

Eine neue Versammlung liegt allerdings nicht vor, wenn die vorherige Versammlung lediglich fortgesetzt wird. Sie muss sich also erkennbar auf einen anderen Gegenstand beziehen.

Gebührenfreiheit

Die Durchführung einer Versammlung löst **keine Gebührenpflicht** gegenüber der Behörde aus. Die Erhebung von Gebühren könnte gerade weniger bemittelte Personen von der Wahrnehmung ihres Grundrechts abschrecken. Die Versammlungsgesetze der Länder regeln zum Teil ausdrücklich, dass Amtshandlungen kostenfrei sind (Art. 26 BayVersG; § 25 NVersG; § 26 VersFG SH).

Die straßenrechtliche Pflicht, über das übliche Maß hinausgehende Verunreinigungen zu entfernen, wird durch das Versammlungsgesetz nicht verdrängt. Wer also Verschmutzungen verursacht, indem sie/er beispielsweise Müll auf die Straße wirft, kann mit einem Bußgeld belegt werden. Die Veranstalter:innen oder die Versammlungsleitung können mit den **Kosten für die Straßenreinigung** hingegen nicht belastet werden. Andernfalls könnten sich nur vermögende Personen leisten, eine Versammlung zu veranstalten oder zu leiten. Die Erhebung von Kosten hätte – gerade bei Großdemonstrationen – eine abschreckende Wirkung und würde die Wahrnehmung des Versammlungsgrundrechts behindern.

Teil 8: Nachbereitung

Nach dem Ende der Versammlung ist die Arbeit noch nicht getan. Eine gründliche Nachbereitung ist unerlässlich, auch um für das nächste Mal vorbereitet zu sein.

Auswertung

Nach der Durchführung einer Versammlung sollten die Veranstalter:innen und die Versammlungsleitung eine Auswertung vornehmen. Unter anderem gilt es zu besprechen, ob es Vorkommnisse im Zusammenhang mit der Versammlung gab, die eine weitere Aufmerksamkeit erfordern. Der Umgang mit möglichen strafrechtlichen Ermittlungsverfahren gegen Teilnehmende oder rechtswidrigen Anordnungen der Polizei sollte geklärt werden.

Zu überlegen ist auch, ob eine rechtliche Aufarbeitung des Handelns der Behörden sinnvoll ist, beispielsweise um streitige Fragen für die Zukunft gerichtlich zu klären. Eine anwaltliche Beratung kann ggf. vorbereitet werden, indem gegebenenfalls eine Begründung für eine behördliche Maßnahme angefordert wird (Mustertext → S. 193).

Eine weitere Möglichkeit, die Auswertung mit zusätzlichen Fakten zu unterlegen, bieten die Informationsfreiheitsgesetze der Länder und das Recht auf Akteneinsicht nach § 29 Abs. 1 Satz 1 VwVfG. Die Versammlungsleitung kann auf diesem Wege beispielsweise ein Protokoll des Kooperationsgesprächs von der Versammlungsbehörde anfordern. Von der Polizei kann die Übersendung des am Einsatztag gefertigten Protokolls verlangt werden (Mustertext → S. 194). Auch wenn sich die Behörden noch immer schwertun, ihre Aktenschränke für Bürgerinnen und Bürger zu öffnen, können sie heute nicht mehr beliebig Unterlagen unter Verschluss halten.

Einträge in Polizeidatenbanken

Die Einhaltung des Datenschutzes durch die Behörden kann von Betroffenen kontrolliert werden. Wer vermutet, in einer Polizeidatenbank gespeichert zu sein, kann einen Antrag auf Auskunft und ggf. Löschung der Daten stellen (Mustertext → S. 196).

In den meisten Ländern nehmen die Landeskriminalämter die Funktion einer Zentralstelle ein, z. B. in Bayern und Nordrhein-Westfalen, sodass Auskunftsersuchen an diese zu richten sind. Wird ein Antrag direkt bei der örtlichen Polizeibehörde gestellt, ist dies aber unproblematisch. Er wird dann an die zuständige Stelle weitergeleitet.

Die Behörde muss Auskunft darüber erteilen, ob Daten gespeichert sind und ob sie diese löschen wird. Lehnt sie eine Löschung ab, muss sie ihre Entscheidung begründen und mitteilen, wann die Daten voraussichtlich gelöscht werden sollen. Gegen die Ablehnung einer Auskunft und/oder Löschung kann die betroffene Person dann Widerspruch bzw. Klage erheben.

Weiterführende Informationen:
https://www.prigge-recht.de/polizeidatenbanken

Nachdem der Antrag auf Auskunft gestellt wurde, hat die Polizei im Regelfall bis zu drei Monate Zeit, um einen Bescheid zu erlassen. Ist die Frist abgelaufen, ohne dass eine Auskunft erteilt wurde, kann eine Untätigkeitsklage beim zuständigen Verwaltungsgericht erhoben werden. Die Kosten hierfür muss die Behörde tragen.

Anhang

Mustertext: Ausschluss rechter Personen

Mustertext zum Ausschluss von Angehörigen der rechten Szene von Versammlungen in geschlossenen Räumen in der Einladung (→ S. 178):

„Die Veranstaltenden behalten sich vor, von ihrem Hausrecht Gebrauch zu machen und Personen, die rechtsextremen Parteien oder Organisationen angehören, der rechtsextremen Szene zuzuordnen sind oder bereits in der Vergangenheit durch rassistische, nationalistische, antisemitische oder sonstige menschenverachtende Äußerungen in Erscheinung getreten sind, den Zutritt zur Veranstaltung zu verwehren oder von dieser auszuschließen."

Übersicht: Versammlungsbehörden in den Ländern

Zuständige Versammlungsbehörden in den Ländern sind:

- Bayern: Kreisverwaltung
- Baden-Württemberg: Polizei
- Berlin: Ordnungsbehörde, bei Eilversammlungen auch die Polizei
- Brandenburg: Polizei
- Bremen: Ordnungsamt
- Hamburg: Polizei
- Hessen: Kreisverwaltung, ab 7.500 Einwohnern die Ordnungsbehörde
- Mecklenburg-Vorpommern: Polizei
- Niedersachsen: Kreisverwaltung, in Hannover die Polizei
- Nordrhein-Westfalen: Polizei
- Rheinland-Pfalz: Ordnungsbehörde
- Saarland: Kreisverwaltung, bei Eilversammlungen die Polizei
- Sachsen: Polizei
- Sachsen-Anhalt: Kreisverwaltung, in Halle und Magdeburg die Polizei
- Schleswig-Holstein: Kreisverwaltung
- Thüringen: Kreisverwaltung

Mustertext: Anmeldung einer Versammlung

Polizeipräsidium Düsseldorf
– Versammlungsstelle –
Haroldstraße 5
40213 Düsseldorf

Anmeldung einer Versammlung

Sehr geehrte Damen und Herren,

hiermit melde ich für den 25.01.2019 eine Versammlung unter dem Motto „Gegen Unionbusting – Für gewerkschaftliche Rechte“ auf dem Bertha-von-Suttner-Platz an. Veranstalterin ist die Gewerkschaft G.

Die Versammlung soll um 18 Uhr beginnen und voraussichtlich um 20:30 Uhr enden. Ich erwarte 500 Teilnehmende. Geplant sind Redebeiträge und Musik. Als Hilfsmittel sollen eine Mikrofonanlage mit Generator, ein LKW, Transparente, Fahnen und Flugblätter eingesetzt werden.

Verantwortliche Leiterin werde ich selbst sein, die Stellvertretung übernimmt Sophie Schönke, Aachener Straße 18, 40233 Düsseldorf.

Mit freundlichen Grüßen

Mustertext: Handout für Ordner:innen

Liebe Ordnerin,
lieber Ordner

vielen Dank, dass du uns als Versammlungsleitung unterstützt. Auf diesem Wege wollen wir dir noch ein paar Hinweise mit auf den Weg geben:

Als Ordner:in hast du die Aufgabe, in Rücksprache mit uns die Einhaltung der äußeren Rahmenvorgaben durchsetzen. Wir versuchen vorrangig, Probleme unter uns zu lösen. Als Ordner:in kannst du andere Teilnehmende freundlich ansprechen, wenn sie sich nicht korrekt verhalten. Sollte sich eine Situation auf diesem Wege nicht lösen lassen, sprich uns bitte an.

Ordner:innen haben nicht das Recht, ihre Weisungen zwangsweise durchzusetzen, das darf nur die Polizei. Auch dürfen Ordner:innen keine Personen aus der Versammlung ausschließen. Die Entscheidung, ob die Polizei zur Hilfe geholt werden soll, treffen wir als Versammlungsleitung. Wenn du der Meinung bist, dass die Polizei sofort einschreiten muss, kannst du die Beamten auch selbst ansprechen.

Wir wünschen dir und uns einen guten Verlauf!

Mustertext: Begründung einer Maßnahme

Polizeipräsidium Düsseldorf
Haroldstraße 5
40213 Düsseldorf

Antrag auf Bestätigung und Begründung einer Maßnahme

Sehr geehrte Damen und Herren,

am 25.01.2019 war ich Leiterin der Versammlung unter dem Motto „Für den Ausstieg aus der Braunkohle – sofort!" auf dem Rathausplatz in Düsseldorf. Um 19:45 Uhr ordnete die Einsatzleitung Ihrer Behörde an, wir sollten die in der Anmeldung angegebene Nutzung eines Lautsprechers einstellen. Dies wurde mir durch die Kontaktbeamtin, Frau Polizeihauptkommissarin Mars, mitgeteilt. Auf meine Nachfrage wurde klargestellt, dass es sich um eine Auflage handelte.

Ich beantrage hiermit gemäß § 37 Abs. 2 Satz 1 VwVfG NRW eine schriftliche oder elektronische Bestätigung und gemäß § 39 Abs. 1 Satz 1 VwVfG NRW eine Begründung des Verwaltungsakts. Mein Interesse liegt in der Überprüfung der Rechtmäßigkeit dieser mich belastenden Maßnahme. Eine solche ist mir nur in Kenntnis der Umstände, die Sie zum Erlass des Verwaltungsakts bewogen haben, sinnvoll möglich,

Mit freundlichen Grüßen

Mustertext: Protokoll des Kooperationsgesprächs

Polizeipräsidium Düsseldorf
– Versammlungsstelle –
Haroldstraße 5
40213 Düsseldorf

Antrag auf Übersendung eines Protokolls

Sehr geehrte Damen und Herren,

zur Versammlung vom 10.01.2021 mit dem Motto „Düsseldorf ist bunt, nicht braun“ bitte ich um Übersendung des anlässlich des Kooperationsgesprächs vom 07.10.2019 angefertigten Protokolls. Ich berufe mich auf das Informationsfreiheitsgesetz NRW und mein Recht auf Akteneinsicht als Versammlungsleiter gemäß § 29 Absatz 1 Satz 1 VwVfG NRW.

Mit freundlichen Grüßen

Mustertext: Protokoll des Polizeieinsatzes

Polizeipräsidium Düsseldorf
Haroldstraße 5
40213 Düsseldorf

Antrag auf Übersendung eines Einsatzprotokolls

Sehr geehrte Damen und Herren,

zur Versammlung vom 10.01.2019 mit dem Motto „Düsseldorf ist bunt, nicht braun" bitte ich um Übersendung des anlässlich des Einsatzes angefertigten polizeilichen Protokolls. Ich berufe mich auf das Informationsfreiheitsgesetz NRW und mein Recht auf Akteneinsicht als Versammlungsleiter gemäß § 29 Absatz 1 Satz 1 VwVfG NRW.

Mit freundlichen Grüßen

Mustertext: Auskunft bei einer Polizeibehörde

Polizeipräsidium Düsseldorf
– Der Datenschutzbeauftragte –
Haroldstraße 5
40213 Düsseldorf

Antrag auf Auskunft über zu meiner Person gespeicherte Daten sowie ggf. deren Löschung

Sehr geehrte Damen und Herren,

ich beantrage, mir Auskunft über die bei Ihnen zu meiner Person gespeicherten Daten, den Zweck und die Rechtsgrundlage der Verarbeitung, die Herkunft der Daten und die Empfänger von Übermittlungen sowie die allgemeinen technischen Bedingungen der automatisierten Verarbeitung zu erteilen.

Zudem beantrage ich die Löschung etwaiger gespeicherter Daten zu meiner Person. Werden Daten gelöscht, bitte ich um eine entsprechende Mitteilung.

Eine beglaubigte Kopie meines Personalausweises bzw. Reisepasses habe ich diesem Schreiben beigefügt.

Für den Fall, dass Sie die Löschung ablehnen, bitte ich um Mitteilung der Rechtsgrundlage und der Gründe für eine andauernde Erforderlichkeit der Speicherung.

Angaben zum Auffinden gespeicherter Daten:

[Vorname Name]
geboren [Datum] in [Ort]
wohnhaft [Adresse]
vormals wohnhaft [Adresse PLZ Ort]

Mit freundlichen Grüßen

Anlagen: Beglaubigte Kopie des Personalausweises

Stichwortverzeichnis

Über den Autor

Dr. Jasper Prigge, geb. 1988, ist Rechtsanwalt und Fachanwalt für Urheber- und Medienrecht in Düsseldorf.

Er vertritt Veranstalterinnen und Veranstalter von Versammlungen in Auseinandersetzungen mit den Behörden. In dieser Eigenschaft hat er an zahlreichen Kooperationsgesprächen teilgenommen und Verfahren vor den Verwaltungsgerichten geführt. Seine Erfahrungen gibt er in Workshops zum Versammlungsrecht an Initiativen, Gewerkschaften, Verbände und Parteien weiter.

Jasper Prigge ist Mitglied der Vereinigung Demokratischer Juristinnen und Juristen und im Republikanischen Anwältinnen- und Anwälteverein.